엄마를 기억하는 방법

글&조각보 신동임

책봄

들어가며

인생이란 하루하루가 별 다를 바 없는 일상의 연속 같지만, 때로 예기치 못한 일들이 한 번씩 튀어나온다. 나의 삶 역시 그랬다. 그리고 50대 중반, 뇌경색이라는 거대한 바위에 부딪혔다. 그 이전의 나는 오직 공연기획과 무대의상이라는 한 길만을 바라보며 달려왔다. 그 열정의 세월이 너무도 길고 깊어 영원히 그렇게 살 줄 알았다.

예기치 못한 전환점-나의 터닝 포인트

하지만 운명은 종종 우리의 예상을 비웃듯 새로운 길을 열어준다. 나도 뇌경색이 찾아오지 않았다면 결코 경험하지 못했을, 낯선 얼굴들 낯선 일들과 마주하지 못했을 것이다. 꿈만을 양분 삼아 자라난 청춘의 시절, 결혼 후 세 자녀를 키우며 맛본 인생의 희로애락 그리고 뇌질환 중환자라는 끔찍한 현실과 그 이후 맞이한 새로운 삶의 장.

고통을 넘어 희망으로

이 이야기는 아프지 않았다면 절대로 쓸 생각을 못했을 나의 이야기다. 삶이란 숨 쉬며 살아가는 하루하루가 기적이다. 선물이다. 진실로 간단한 진리. 그 진리를 모른 채 하루 죽을 줄 모르고 열흘 살 줄만 알았던 맹꽁이.

이 글이 지금 이 순간 가족과의 불화로 마음의 상처를 입고 있는 분 삶의 방향을 잃고 하루하루 힘겹게 살아가는 분들에게 작은 등불이 되기를 바란다. 우리의 고통은 때로 새로운 시작의 씨앗이 될 수 있음을, 그리고 그 어떤 어둠 속에서도 희망의 빛은 존재한다는 것을 전하고 싶다. 마음이 있는 곳에 길이 있다. 중요한 것은 주저앉은 그 자리에서 일어서는 것이다. 그리고 문 밖으로 한걸음 내딛는 것이다.

문 밖에는 파란 하늘과 신선한 공기와 아름다운 초록이 있다. 그리고 나와 닮은 얼굴이 들어 있는 거울 같은 세상이 있다. 내가 웃으면 같이 웃고 내가 울면 따라 우는. 내가 우니 세상은 먹구름이었고 내가 웃으니 세상이 같이 웃었다.

이 에세이를 통해 우리 모두의 삶이 더욱 풍요롭고 의미 있게 빛나기를 소망하며, 다시 일어서서 앞으로 나아가는 여정을 여러분과 함께 손잡고 나누고 웃고, 울고 싶다. 내가 살아있어 오늘 하루가 더 빛난다는 것을 감사하게 생각하면서.

내가 실망하거나 포기하지 않도록 잡아준 이 세상에서 제일 사랑하는 우리 가족에게 이 책을 바칩니다.

목차

들어가며

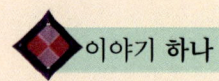 이야기 하나
인생의 터닝포인트

오늘 날씨가 맑습니다	9
퇴원 그 후	15
도서관에서	17
그리고 2014년 4월 16일	19
인생의 터닝 포인트	22
그와 나 / 동숭동 / 부모가 된다는 것	
그리움단추	27
아버지의 환한 미소	30
셋째 작은아버지	32
큰오빠 이야기	37
막내오빠	40
외가 이야기	43

◆ 이야기 두울
엄마를 기억하는 방법

나의 어머니 공연순 여사	49
엄마를 기억하는 방법	53
우리 어머니 김정자 여사	55
내 친구 은희 어머니 오일석 여사	57
큰딸이 엄마를 기억하는 방법	59
런던의 은행나무	63

영국의 고마운 미세스 전 ·· 68
작은딸이 엄마를 기억하는 방법 ······························ 73
둘째 이야기 ·· 75
아들이 나를 기억하는 방법 ··· 78
    해는 언제 그려요?
우리 아이들이 엄마를 기억하는 방법················· 82

이야기 세엣   나를 키운 사람들

나의 이야기 ·· 85
    들소 / 한네의 승천 / MBC마당놀이 / 서울오페라앙상블
커피가 있는 작업실 ·· 91
아름다운 사람 ··· 94
카페 두레 ·· 97
수제비와 오페라 ·· 100
준사임당 ·· 102
오키 회장과 조각보 ··· 105
자수장과 조각보 ··· 107
디자인공모전 ·· 109

이야기 네엣   육아특급비법

우리의 보석 짱누 짱미 짱부······································ 113
셋째가 찾아왔다. ·· 118
첫 단추 ··· 121
늦잠꾸러기 엄마 ·· 122
한글공부 ·· 123
소나기와 뉴스 ··· 125

멸치와 선행학습 ··· 127

첫영성체와 복사 ··· 129

과학고와 수학시험 ·· 131

모의고사와 서울대 ·· 133

고3과 게임 ·· 134

대학생과 교수 ·· 135

너만의 스노우볼 ··· 137

육아특급비법 ··· 139

문제아 뒤에는 언제나 문제어른이 ························· 142

화성에서 만난 아이들 ··· 146

소년원이라는 이름의 학교 ···································· 148

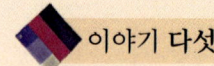 **웰리빙 웰다잉**

죽음에도 이름이 있다 ··· 153

웰다잉 ··· 154

  웰다잉=웰에이징=웰리빙/엘레나 데세리치(6세)/ 송영균(1987년생)

  이재락(캐나다 교포)

웰다잉 10계명 ·· 159

웰리빙 ··· 160

시니어 청춘학교 ··· 163

100세 시대를 넘어 100대 시대로 ·························· 165

인생 2막 행복하게 설계하기 ································· 167

  1. 자기 이해와 반성 / 2. 건강관리/ 3. 사회적 관계 / 4. 새로운 경험과 배움

  5. 재정계획 / 6. 목표설정과 실행 / 7. 긍정적인 마인드 유지

마치며 ··· 170

  어쩌다 기자 / 어쩌다 패션쇼 모델 / 어쩌다 수필가

  재능을 나누는 사람들 / 뇌섹인들의 향연

이야기 하나

인생의 터닝 포인트

오늘 날씨가 맑습니다

"안녕하세요?"
누군가 밝은 목소리로 인사하며 문을 열고 들어온다.
잠결에 눈을 뜨니 희부연한 회백색 천장. 낯설다.
"안녕하세요?" 그녀가 다시 인사했다.
아! 병원이구나. 간밤 잠을 자다 몸이 움직이지 않아 깬 새벽. 바로 서울대학병원 응급실에 왔었다. 병원의 새벽은 고요한 바다처럼 가라앉아 있었고 정박한 배처럼 서서 잠자고 있던 검사기구들이 총알택시처럼 빠르게 움직였다. 뇌질환의 골든타임은 3시간이라고 한다. 서울대학병원 옆에 사는 덕을 보았구나.
응급실 침대에서 뇌경색 진단을 받고 뇌질환중환자실에 입원했던 새벽녘의 사태가 그제야 파악되었다. 간호사는 왼손 둘째손가락과 연결된 기기를 체크하고 다시 말을 건넸다.
"오늘 날씨가 맑습니다. 따라 해 보세요."
"오늘 날씨가 맑습니다." 시키는 대로 따라 했다.

"여기는 어디죠?"

"병원이요."

"오늘 날짜가 몇 월 며칠이죠?"

"12월 2일이요."

"양팔을 들어서 10초 동안 유지해 보세요."

양팔을 올리니 왼팔이 툭 떨어졌다.

"양다리를 들어서 10초간 유지해 보세요."

왼쪽 다리는 들어지지도 않았다.

실감이 나지 않은 상태에서 아침식사가 나왔다. 다행히 온전한 오른손으로 식사를 마치고 나니 다른 간호사가 들어왔다.

"오늘 날씨가 맑습니다, 해보세요."

아침과 똑같은 질문이 이어졌다.

'오늘 날씨가 맑습니다'는 뇌질환중환자실의 매뉴얼이었다.

"양팔을 들어서 10초 동안 유지해 보세요."

양팔을 드니 왼팔이 맥없이 떨어졌다.

"양다리 들어서 10초간 유지해 보세요."

왼쪽 다리는 여전히 꼼짝도 하지 않았다.

뇌질환중환자실에서 환자는 침대 아래로 내려가면 안 된다. 그래서 보호자가 24시간 있어야 했다. 대학 신입생이던 아들이 밤을 새웠고 졸업예정이던 작은 딸이 낮 시간을 지켰다. 매일 절망적이고 무표정한 얼굴로 천장만 바라보았다. 처음 겪는 일이라 막막하고 이러고 누워있는 나 자신이 한심했다. 대상 없는 누군가를 향해 분노도 일었다. 한편으로는 꿈속을 헤매는 듯 실감도 나지 않았다.

담당의사의 저녁회진이 있었다.

"척추에서 뇌로 올라가는 세 개의 혈관 중 왼쪽 혈관이 10mm 정도 막혔어요. 크기가 작아서 수술까지는 안 해도 되겠어요." 주치의가 어깨를 다독였다. "약물치료 들어갔으니 약 잘 드시고 퇴원 후 재활 열심히 하시면 정상으로 회복될 테니 걱정 마세요." 아들이 주치의의 말을 열심히 듣고 있었다. 저녁식사 후 간호사가 들어와서 다시 매뉴얼대로 질문했다. "오늘 날씨가 맑습니다. 따라 해 보세요."

하루 종일 침대 아래로 내려오지도 못하니 할 일은 자는 일 밖에 없었다. 밤이 되자 눈이 말똥말똥 잠이 오지 않았다. 나 때문에 고생하는 아이들을 위해서도 얼른 일어나야 했다. 움직이지 않는 왼쪽 몸을 반동을 이용해 오른쪽으로 제치는 운동을 했다. 달밤에 체조도 아니고 이게 무슨 짓인가. 운동을 하다 나도 모르게 울음이 훅 터져 나왔다. 보조침대에서 노트북으로 과제를 하고 있던 아들이 놀라서 일어나 다가왔다.

"정상으로 돌아갈 수 있다잖아요." 아들이 눈물을 닦아주고 기계와 연결된 왼손을 들어 손가락마다 입을 맞춰주었다.

  아침이 되어 작은딸이 오고 아들은 학교에 갔다. 침대에서 못 내려가니 임시변기를 사용해야 하는데 처음 해보는 일이라 그것 또한 쉽지 않았다. 한번 일을 보고 나면 침대커버와 환자복을 다 갈아야 했다. 규정위반이지만 커튼을 가리고 침대 아래로 내려갔다. 한 발로 지탱해서 힘겹게 앉았다. 임시변기를 바닥에 놓고 볼일을 보고 나니 딸이 박수를 쳤다. 아기 때 배변 훈련하다 성공하면 내가 손뼉 쳤듯이. 육십도 안 돼서 딸아이 앞에서 어린 아기가 된 기분이었다.

  복도 바닥에 표시된 길을 따라 틈만 나면 걸었다. 일반병실에서는 재활에 중점을 두어 재활훈련실로 내려갔다. 재활훈련실에 들어서니 놀라운 광경이 펼쳐졌다. 스스로 서있을 수 없는 환자를 꽁꽁 묶어 바닥에서 30센티미터 정도 띄워 벽에 붙여놓은 것이다. 코미디의 한 장면 같았다. 그리고 양손으로 봉을 잡고 힘없는 다리로 걷는 연습을 하는 사람들, 팔을 못 쓰는 사람은 커다란 바퀴를 따라 팔운동을 하고 있었다. 왼팔 왼편 다리만 약간 불편한 나의 증세는 재활훈련실의 다른 환자들에 비하면 환자 축에도 끼지 못했다.

  저녁 회진 때 주치의가 재활훈련센터에 다녀온 소감을 물었다.

  "제가 할 수 있는 운동은 크게 없더라고요."

  "어차피 운동은 혼자 꾸준히 하는 것이 제일 중요해요." 주치의가 말했다.

"그동안 복도 열심히 걸었어요." 하고 웃었다.

그러고 보니 입원하고 처음 웃은 것 같았다. 희망이 생기니 웃음이 절로 따라왔다.

퇴원 후 들어갈 재활병원을 알아보라던 주치의가 느릴 뿐 두 발로 걷고 양손을 사용하는데 크게 문제가 없으므로 퇴원해도 되겠다고 말했다. 세상에 제일 반가운 소리였다. 입원 12일 만이었다.

밤새 눈이 내렸다. 12층 입원실에서 내다본 하늘에서는 주먹 만 한 눈송이들이 마치 퇴원을 축복하는 폭죽처럼 펑펑 끝없이 내려왔다.

이른 아침 퇴원 수속을 위해 남편이 왔다. 폭설로 차를 가지고 올 수 없었다고 했다.

"그러라고 택시가 있는 거지."

농담이 절로 나왔다. 병원 출입구 앞의 택시 승강장이 텅 비어 택시는 하나도 없고 택시를 기다리는 사람들만 서성이고 있었다.

"당신 전철 타고 출근해야겠네. 어서 가요."

남편이 정말 그래도 괜찮겠는지 물었다.

"봐, 나 멀쩡해! 기다렸다가 택시 타고 갈 테니 어여 출근하세요."

택시 승강장 반대편으로 지하철 타러 발걸음을 옮기며 남편이 자꾸 뒤돌아보았다. 나는 괜찮으니 어서 가라고 손짓했다. 출근하는 남편을 대문 앞에서 배웅하던 신혼시절이 떠올라 피식 웃었다.

아무리 기다려도 택시가 오지 않아 큰길을 향해 걸었다. 아무도 디디지 않은 눈길을 골라 밟으며 조심조심. 차도에는 버스도 다니지 않았다. 집이 가깝기 얼마나 다행인가. 걷자.

10여 년 전 대설주의보가 내려 차도 없고 걷는 사람조차 없던, 소담하게 쌓인 눈 속에 세상 모든 소리도 잠겼던 그날. 누구라도 눈길을 걸어오는 이가 있었다면 반갑게 손을 흔들며 외쳤을 것이다.

"안녕하세요!"

"오늘 날씨가 참 맑습니다!"

그러나 집에 도착할 때까지 차도 사람도 지나가지 않았다. 그래서 긴 여름장마 후 쨍! 하고 나타난 청명한 하늘처럼 한없이 투명한 겨울 하늘을 향해 외쳤다.

"오늘 날씨가 맑습니다!"

뇌질환중환자실 12층에서 내려다 본 풍경

퇴원해서 눈밟고 집으로 가는 길

🌿 퇴원 그 후

12일 만에 집으로 돌아왔을 때, 익숙한 공간과 일상이 주는 편안함이 이루 말할 수 없이 소중한 일이라는 것을 깨달았다. 아침저녁으로 가족들과 얼굴을 마주하고, 창문을 열어 신선한 공기를 들이며, 거실과 주방을 오가고, 세탁물을 세탁기에 넣는 일상적인 일들이 새삼 감사했다. 마당에 나가 하늘을 올려다보고, 꽃밭에 물을 주며, 햇살 냄새 머금은 빨래를 걷는 순간들은 그동안 잊고 지냈던 삶의 작은 기쁨이었다. 큰 호흡으로 들이마신 공기조차 달콤했다.

그러나 평온함도 오래가지 않았다. 시간이 흐를수록 아무것도 할 수 없다는 무기력함이 마음을 짓눌렀고 약간의 턱에도 넘어질 정도로 불안정한 몸 상태는 우울감을 불러왔다. 죽은 것도 산 것도 아닌, 달과 지구 사이 우주 빈 공간에 홀로 떠있는 우주인이 된 기분이었다.

저녁이면 아이들이 "오늘 하루 어떠셨어요?" 하고 물었다.

"하루가 너무 길어. 인생이 참 지루해." 라고 대답했다.

그들의 얼굴에 슬픔이 지나갔다. 그러나 내 상태에 적응하기도 벅

찬 상황에서 가족들의 마음까지 헤아릴 여유는 없었고 거짓말을 할 수는 더 없었다. 정말 하루가 길고 지루했다.

봄이 오자 조금씩 집 밖으로 나설 결심을 했다. 무기력함과 우울감도 힘들었지만, 무엇보다 가족들의 얼굴에 드리운 그늘을 보는 일이 더 고통스러웠다. 동네 아는 얼굴들을 마주치는 일도 싫었지만 그래도 대문 밖으로 한 걸음 내디뎠다. '티 내지 않고 천천히 걸으면 아무도 내 상태를 알지 못할 거야.' 생각하며 골목골목을 누볐다. 오래 산 동네였지만 처음 가보는 길들이 많았다. 내가 알지 못했을 뿐 원래부터 그 자리에 있던 모든 것들이 마치 내가 오기를 기다렸다는 듯이 반겼다. 남의 집 담장 너머로 얼굴을 내민 꽃들이 손 흔들며 웃어주었고, 따스한 햇살 아래 펼쳐진 파란 하늘도 내 마음을 조금씩 밝게 해 주었다.

도서관에서

안 가본 길을 탐색하다 도서관을 발견했다. 도서관의 창문 너머로 펼쳐진 광경은 마치 한 폭의 그림 같았다. 빼곡히 들어찬 책장 사이로 독서에 몰입한 사람들이 정물화 속 인물들처럼 고요히 자리 잡고 있었다. 내가 바쁘게 살면서 동동거릴 때도 어슬렁어슬렁 골목을 누비며 산책할 때에도 묵묵히 그 자리에 서있던 도서관.

햇살 아래 산책하고 도서관에서 책을 읽는 일상이 삶에 새로운 의미를 부여했다. 토끼를 따라 굴속으로 들어간 엘리스처럼 도서관의 문을 열고 들어서니 새로운 세상이 펼쳐졌다. 내 얼굴에 생기가 돌자 가족들의 표정도 밝아졌다. 도서관에는 책만 있는 것이 아니었다. 도서관을 중심으로 활동하는 독서동아리 중 연배가 있는 회원들로 구성된 모임을 찾아 가입했다.

나를 모르고, 굳이 나를 설명하지 않아도 되는, 낯선 이들 사이에서 느끼는 소속감이 오히려 마음을 편안하게 해 주었다. 혼자 책을 읽는 것도 좋았지만, 함께 선정한 책을 읽고 의견을 나누는 경험은 예상치

인생의 터닝 포인트

못한 만족감을 주었다. 책의 공간에서는 오직 책에 대한 이야기만이 오갔고, 그 대화는 마치 '향을 싼 종이'처럼 책의 향기를 품고 있어 신선하고 감동적이었다.

　사람들이 모여 이야기를 나누는 곳. 나는 저금통에 저축하듯, 차곡차곡 세상 이야기들을 쌓아갔다. 타인의 입에서 흘러나오는 말들은 꿀처럼 달콤했고, 나는 그저 아기 새처럼 받아먹기만 하면 되었다. 구청을 중심으로 한 마을 강사 제도, 학교를 누비는 바느질 수업, 여러 가지 자격증 취득의 기회까지 많은 정보가 보물찾기에서 찾은 보물처럼 다가왔다. 안 가본 길을 가보는 호기심으로 정보가 들어오면 무조건 도전해 보았다.

　삶이란 참으로 예측 불가능한 것. 밤새 안녕이라고 자다가 중환자실에 실려 가기도 하고 무심코 지나쳤던 도서관이 삶의 중심이 되기도 한다. 초 중 고등학교를 누비며 바느질을 가르치는 나의 모습은, 과거의 나로서는 상상조차 할 수 없었던 일이었다. 하지만 이 모든 것이 가능한 이유는 단 하나, 내가 살아있기 때문이다. 그리고 누군가 나를 필요로 한다는 사실, 그것이야말로 가장 소중한 가치였다.

그리고 2014년 4월 16일

　그날은 푸치니의 〈라보엠〉을 번안한 오페라 〈서울라보엠〉 공연 첫날이었다. 느닷없는 세월호 사고 뉴스는 전 국민을 티브이 화면에서 눈을 떼지 못하게 만들었다. 반쯤 넘어가 물속에 잠긴 세월호. 수학여행 중이던 수많은 학생들과 함께 배를 탔던 이들의 생존을 알 수 없었고 온 국민은 하루 종일 눈으로 귀로 생고문을 당하던 순간이었다. 이런 상황에서 공연을 해도 되는 것인지 공연 취소를 해야 맞는 것인지 결정을 내리지 못하고 있었다.
　이탈리아 스칼라극장에서 일하고 있는 큰딸에게서 전화가 왔다. 이탈리아는 오페라 순혈주의라서 스칼라극장의 스텝들은 거의 이탈리아인이다. 그런 곳에서 큰딸은 아시아인 최초의 무대감독이 되었다. 그러니 어려운 일이 얼마나 많았을까. 전화를 한다는 것은 아이가 더 이상 참기 힘들다는 뜻이다.
　"엄마 너무 힘들어 힝~"
　첫마디부터 눈물바다다.

"7시간짜리 오페라 〈트로이의 사람들〉 연습 중인데 출연자들도 많고 할 일도 많아서 너무너무 힘들어. 조연출은 가만히 앉아만 있고 다들 나만 찾아."

"너만 찾는다는 것은 좋은 일이지, 너를 인정한다는 뜻이니까. 다 덤비라고 해. 넌 해낼 수 있어."

나의 말에 딸은 배고픈 아이 밥 한 술 들어간 목소리로 씩씩하게 대답했다.

"알았어 엄마. 잘해볼게."

전화를 끊고 나니 아이의 말만 들어주었지 정작 내 할 말은 못 한 생각이 났다. 엄마도 지금 너무너무 힘들어. 엄마뿐 아니라 우리나라 국민들 전부 생고문 당하고 있어. 힘든 아이에게 그런 말을 해서 무엇하리. 말 안 하길 잘했다 싶었다. 그러나 딸과 전화통화를 하고 난 후 어떤 깨달음이 왔다.

나의 소망은 그저 우리 아이들이 큰 사고 없이 다치지 않고 무사히 졸업하는 것이었다. 그동안 내가 힘들었어도 우리 아이들이 스스로 제 할 일을 알아서 잘해주어 감사한 마음이었다. 내가 이 세상에 와 내게 주어진 의무를 다했다는 생각. 나는 교만해져 있었다. 그러나 앞으로도 그 아이들이 살아갈 이 땅이었고 그들의 자식들이 살아갈 나라라는 생각은 하지 못했었다. 나중에 그 아이들 중 누가 그런 배를 탈지 모르는 일이었다.

교복 입은 아이들만 보면 눈물이 났다. 망가진 배, 쓰러진 배처럼 망가진 이 나라를 고쳐 바로 세워야 했다. 어떻게 해야 할지 모르겠으나 내가 할 수 있는 작은 일부터 해야지 싶어 가제손수건을 샀다. 노랗게 물들였다. 아무 말 없이 지인들에게 나누어주었다. 그 뜻이 무엇인지 아는 이는 알고 모르는 이는 모르게. 세월이 얼마나 흘렀는데 그때 매단 노란 리본이 아직도 가방에 매달려있다.

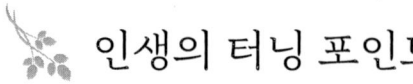# 인생의 터닝 포인트

어느 해 보다 더위가 기승을 부렸던 여름이 지나고 어느새 가을이다. 언제 더웠나 싶게 딱 지내기 좋은 날씨에 하늘도 청명하다. 사계절이 있는 우리나라가 최고구나. 이제 머지않아 흰 눈이 내리는 겨울이 오겠지. 그렇게 사계절을 몇 번이나 더 지날 수 있을까. 내 인생은 사계절 중 어디쯤을 지나가는 것일까. 내게 왔던 인생의 터닝 포인트는 몇 번이었을까, 앞으로도 터닝 포인트가 오기는 올까.

10살 때 느닷없는 집안의 부도로 서울 외곽 달동네에서 살게 되었을 때 망한 집 치고는 현대적 입식부엌이 갖춰진 마당 넓은 국민주택에서 살았다. 나라에서 주택정책의 시범으로 조성한 단지였다. 25년 장기 저리 주택융자가 끼어있었고 방이 여럿 이어서 대가족 우리 집 조건에 딱 맞는 집이었다. 그때까지 수돗물이 원활하지 않아서 다른 집은 숲 속 샘에서 물을 길어다 파는 물장수에게 물을 사 먹었지만 우리 집만 우물이 있었다. 새벽이면 오빠들이 우물물을 길어 항아리

마다 채워놓고 직장으로 학교로 갔다.

   그럼에도 부모님의 평상심 유지로 나의 유년은 크게 흔들림 없이 따스하고 평안했다. 그렇지만 언제나 웃음 지으며 다가와 아쉬운 부탁을 하던 이들의 냉랭해진 인심 배반과 엄마 아버지의 고단한 삶을 지켜보면서 나는 애어른이 되어 우울한 아이가 되었다. 그 우울은 나를 평생 지배했다. 지금도 나의 어느 구석에는 여전히 자라지 못한 어린아이가 웅크리고 있다. 나이를 먹는다고 다 어른이 되는 것은 아니다. 내가 아직도 미성숙한 이유.

   대학 졸업 후 첫 취직시험에 합격하고 면접을 보는 순간 이 전공으로 평생을 살아야 하는 일이 내키지 않았다. 면접시험까지 통과하고도 나는 그 회사를 가지 않았다. 서울을 벗어난다는 것이 마음에 안 들었던 우물 안 개구리.

   그 회사에 먼저 입사해 있던 선배가 전화를 했다. 입사성적이 아깝다고. 다른 좋은 회사 있으면 연락하겠다고. 그러고는 끝이었다.

   매일 방에 누워 창 밖 멀리 흘러가는 구름무늬만 보았다.

   그러던 어느 날, 실험극장 연수단원 모집 공고가 눈에 들어왔다. 고등학교 시절 선생님의 권유로 몇 편의 연극을 본 것이 전부였던 내가 무슨 용기로 그 문을 두드렸는지 지금도 의아하다. 하지만 돌이켜보면, 그것은 우연을 가장한 필연이었다.

나의 일과 남편, 그리고 세 아이의 엄마가 된 내가 그때를 생각하면, 그 선택이 얼마나 중요했는지 깨닫는다. 순간의 결정이 인생의 방향을 바꾸어놓는다. 무의미하게 흘러가는 시간 속에서 나를 깨우고, 새로운 길로 인도한 그 선택은 마치 운명의 손길과도 같았다.

이제는 안다. 우리 인생에서 가장 중요한 순간들이 우연처럼 찾아온다는 것을. 하지만 그 우연을 알아채는 것은 우리의 몫이다. 그날의 선택이 지금의 나를 만들었다. 나는 그 선택에 감사한다. 그리고 내 미래가 예정한 새로운 터닝 포인트를 기다린다. 우연처럼 필연처럼 다가올 나의 미래. 비로소 70을 바라보는 이 나이에.

그와 나

연애시절 처음 그의 자취방 문지방을 넘었을 때, 세상에 이토록 작은 공간이 존재한다는 사실에 놀랐다. 비키니 옷장 하나와 책상 하나가 전부인 작은 한옥의 문간방. 그러나 그 작은 공간은 저 위 어디쯤 목표가 있었고 그 목표를 향해 조금씩 나아가는 무한한 꿈이 가득 서려있었다. 주변의 반대를 무릅쓰고 결혼했다. 그는 가난한 연극쟁이였지만, 매일 새로운 꿈을 꾸는 그의 모습에 나의 심장은 설렘과 희망으로 뛰었다. 그 작은 방에서 시작된 우리의 이야기는, 꿈과 사랑으로 가득 찬 거대한 서사시가 되어갔다.

동숭동

1980년대 동숭동은 서울대학교 교수사택이 많았다. 우리의 신혼집도 그 중 하나였다. 왕년에 교수였던 희고 고운 주인할아버지가 어린애가 되어 마당을 서성이고 대문을 열고 나가 담배꽁초를 찾아 헤매던. 옆집은 작곡가 김성태의 집이었고 그 집과 마주 보고 있던 커다란 이층집은 캐나다대사 사저였다. 이층에서 경비를 서는 아저씨가 늘 골목을 내려다보고 있었다. 치기 어린 남편은 늦은 밤 귀가하면서 경비아저씨 들으라는 듯 큰 소리로 노래를 불렀다. 그의 노랫소리가 초인종 소리였다.

어느 겨울 늦은 밤 남편이 밖에서 큰 소리로 불렀다. 나가보니 소리 없이 눈이 내려 크리스마스카드 속의 마을처럼 온 세상이 하얗게 빛나고 있었다. 우리는 서울대가 관악으로 떠나고 호젓해진 마로니에 공원으로 갔다. 아무도 없는 공원에서 우리는 어린아이 같이 눈싸움을 했다. 지금도 눈감으면 첫째를 임신 중이던 그 겨울, 하얀 눈이 축복처럼 내리던 마로니에 공원에서 눈싸움하던 그날이 떠오른다.

이화동과 혜화동 사이 동숭동과 길 건너편 명륜동은 5공 때 난데없이 만들어진 대학로가 되어 차츰차츰 상업지구로 변했다. 길 안쪽 단독주택들도 빠르게 카페나 레스토랑이 되었다. 주말이면 차 없는 거리가 되었고 갑자기 맞닥뜨리게 된 자유에 거리는 한동안 휘청거렸다. 그리고 문예회관 주변으로 차츰차츰 연극의 성지가 되어 소극장들이 생겨나기 시작했다. 남편은 동숭아트센터 개관공연 연출을 맡았고 바탕골소극장 극장장이 되었다. 어쩌다 보니 우리는 대학로의 산증인이 되었다. 진아춘, 학림다방, 오감도, 바로크레코드, 난다랑, 샘터사, 예총건물 등등. 이제는 학림다방 하나 남았다. 추억을 밀어버리는 도시, 서울.

부모가 된다는 것

결혼했으니 아이가 생기면 하나 정도는 가질 수도 있겠다는 생각이 들었다. 남편친구 중에 한의학과에 다니는 친구가 있었다. 그 친구 말이 보통은 태어난 날에 크게 의미를 두는데 사실은 수태의 순간이 더 중요하다고 했다. 그래서 우리가 좋아하는 광복절에 신중하고 경건하게 아기를 만들었다. 정확하게 280일 만에 아기가 탄생했다.

네다섯 시간의 진통 끝에 아기를 낳고 비몽사몽 자다가 깨어보니 남편이 잠도 자지 않고 턱을 괴고 소파에 앉아있었다. 하염없이 창밖을 바라보더니 혼자 중얼거렸다. "좋은 아빠가 돼야 할 텐데." 그 모습을 보니 철없는 아이 같던 남편이 비로소 보호자처럼 느껴졌다. 악몽 같던 진통의 시간이 어느새 먼 이야기처럼 느껴졌고 찌르르 젖이 도는 것을 느끼며 엄마가 된 내가 실감 났다. 아기는 태어난 그 순간부터 덜 여문 열매 같은 어린 부모를 어른답게 키우고 있는 것이다.

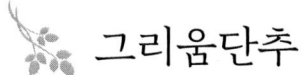 그리움단추

내 턱 아래에는 작은 그리움단추가 있다. 엄마가 그리울 때 누르는 작은 흉터. 턱 아래 있어서 잘 보이지는 않는다. 즐거울 때나 서글플 때나 한 번씩 그리움단추를 누르면 열 살로 돌아간다. 우리 집이 망해서 이사 간 홍은동 달동네. 버스를 타고 시내로 나가려면 산 아래까지 30분 걸어 내려가야 하는. 시내에서 돌아올 때는 그보다 더 시간이 걸리는. 하늘아래 첫 동네까지 끝도 없이 오르던 길.

아버지가 퇴직금 투자사기 당해 서둘러 집 팔아 빚잔치 하고 옮겨 앉은 낯선 동네. 더 이상 식모도 없이 모든 살림을 직접 해야 했던 엄마는 쪽진 머리를 자르고 한복을 벗어던졌다. 하루아침에 직장을 잃은 아버지는 종일 마당을 서성였고 엄마는 한 푼의 생활비라도 벌기 위해 참기름장사에 나섰다. 그 돈으로는 온 가족 차비로도 부족했던. 모두가 말없이 그 시절을 견디던 겨울.

밤새 달아오른 백열전구처럼 온몸이 뜨거웠다. 턱은 풍선처럼 부풀었고 겨우내 바삭 마른 나무 등걸처럼 입술은 말라 서걱거렸다. 불덩이 나를 업고 엄마가 아랫동네 소아과로 달려 내려갔다. 볼거리였다. 의사는 당장 수술을 해야 한다고 했다. 해열진통제만 처방받아 집으로 돌아가는 길. 나를 등에 업고 무거운 발걸음을 옮기던 엄마. 열도 내리고 긴 시간 엄마의 등에 업힌 나는 마냥 좋았다. 철부지.

약기운에 혼곤히 잠이 들었다. 잠결에 기척을 느껴 눈 떠보니 곁에 엄마가 보였다. 엄마의 손에는 빈 사발과 참빗이 들려있었다. 웬 참빗? 엄마는 참빗 살 한 개를 부러트려 뽑아 들고 갑자기 내 몸 위로 올라탔다. 놀라서 버둥거렸지만 아버지가 두 다리를 꽉 들었고 오빠가 머리를 양손으로 붙들고 있어 꼼짝 할 수 없었다. 엄마는 뾰족한 참빗 살로 통통 부어오른 내 턱 아래쪽을 찔렀다.

엄마의 무자격 의료행위는 생각대로 되지 않았다. 환자가 아무리 어려도 턱 밑 피부는 제법 두껍고 질겼다. 참빗 살은 나의 살을 뚫지 못했다. 엄마는 멈추지 않고 계속 턱 아래를 공격했다. 참빗 살로 생살을 찢는 고통은 태어나 처음으로 겪은 지독하게 아픈 고통이었다. 나는 악을 쓰며 목이 쉬도록 울부짖었다. 온몸은 결박당해 있어 발버둥 칠 수도 없었고 비 오듯 솟아난 진땀으로 온몸이 젖었다.

몇 번을 반복했을까 드디어 참빗 살이 살을 뚫고 들어왔다. 그제야 엄마는 참빗 살을 버리고 두 손으로 턱 안에 들어있던 피고름을 짰다. 그러나 참빗 살로 찢은 작은 구멍으로 피고름은 나오지 않았다. 엄마는 그 구멍에 입을 대고 피고름을 빨았다. 있는 힘껏 빨아 사발에 뱉어내기를 반복했고 더 이상 피고름이 나오지 않자 엄마는 상처 위에 약을 바르고 반창고를 붙였다.

온몸 힘주어 비틀고 땀 흘리며 울었던 나는 무슨 일인지 모르겠으나 다. 잘. 끝났다는 안도감에 깊은 잠 속으로 빠졌다. 아침이 되자 얼굴은 본래의 크기로 돌아와 있었다. 열도 내리고 통증도 사라졌다. 턱밑을 만져보니 반창고가 붙어있었다. 간밤의 그 악몽은 꿈이 아니었던 것이다. 만원 버스를 타고 다니던 학교도 며칠 결석했다. 따스한 아랫목에서 뒹굴거리며 흰 죽을 받아먹던 그 겨울.

지금도 턱 아래에는 1cm 정도의 흉터가 남아있다. 가끔 엄마가 그리울 때면 한 번씩 만져본다. 엄마는 어떻게 무모하리만치 과감한 결정을 할 수 있었을까. 무슨 용기로 볼거리 속 피고름을 입으로 빨아낼 수 있었을까. 엄마가 아니면 도저히 할 수 없었을 '민간 비공식 참빗 살 응급수술' 그 덕분에 나는 언제라도 어린 시절 따스한 안방으로 돌아갈 그리움단추가 있다.

 ## 아버지의 환한 미소

　너무 일만 하면 안 좋다고 언니가 운동을 권해서 단전호흡을 했던 때의 일이다. 단전호흡은 몸을 크게 쓰지 않으면서도 건강해지는 것 같았다. 몸 수련이 끝나면 명상을 했다. 어느 날 명상지도자가 10년을 거슬러 가보라고 했다. 그가 다시 자신이 가장 행복했던 시절로 가보라고 했다. 눈을 감으니 어린 시절 살던 서대문 한옥 안방 문이 환하게 빛나고 있었다. 방문을 여니 아버지가 환하게 웃고 있었다.

　아버지가 저녁을 다 드시고 나면 밥상을 내 가기 전에 밥주발 뚜껑과 젓가락 한 짝을 밥상 아래로 내려놓았다. 아버지 나이 마흔다섯에 낳은 늦둥이 막내인 내가 재롱잔치를 하는 시간. 라디오에서 들은 유행가를 부르며 춤을 추고 나면 아버지가 "딩동댕!" 하고 젓가락으로 밥주발 뚜껑을 쳤다. 나는 신이 나서 노래를 자꾸 부르고 불렀다. 노래 한 곡에 동전 한 개씩.

　하염없이 눈물이 흘렀다. 내 인생에 가장 행복했던 일곱 살 그 시절의 아버지가 나를 보며 환하게 웃고 있었다. 아무 근심 없이 하루하루 행복하기만 하면 되었던 시절. 저녁이면 노래하고 춤추며 엄마와 아버지를 즐겁게 했던 그 시절. 다시는 돌아가지 못할 행복했던 그 순간이 눈앞에 펼쳐진 것이다. 한참을 울었다. 함께 명상을 하던 사람들이 눈물을 흘리는 나를 보고 아무도 말 걸지 못했다.

명상 소감을 나누는 시간에 모두들 내가 정말 많이 슬픈 과거로 돌아갔다고 짐작했다. 내가 뜻하지 않게 너무 행복한 시절로 돌아가서 따스하고 포근한 아버지의 환한 미소를 만나 감격의 눈물을 흘렸다고 하니 그제야 다들 호흡을 길게 내쉬었다. 10살 이후 부도로 집안이 풍비박산 나 삶이 곤고해져 힘겨웠어도 나를 버티게 해 준 것은 아버지의 그 무한 사랑과 환한 미소였다.

어린 시절 흡족한 사랑을 받고 자라는 것은 화분 맨 밑바닥에 양질의 영양소를 저장해 두는 일인 것 같다. 돈이 제갈 량이고 많은 이들의 삶의 목표일지라도 아이들은 돈만으로 크지는 않는다. 열 살 이후의 궁핍한 삶이 나를 조숙하고 우울한 아이로 키웠어도 나를 반듯하고 건강한 어른으로 자라게 한 것은 아버지의 무한 사랑 덕분이다. 그런 아버지의 환한 미소를 다시 만나고 싶다.

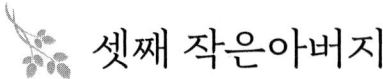 셋째 작은아버지

　마른 낙엽들이 흩어지던 늦은 가을날이었다. 사진작가 구본창 전시회에 갔을 때의 일이다. 작가의 작품세계가 시대별로 잘 정리되어 있었다. 양손을 찍은 사진들이 전시된 방이었다. 흑백사진으로 찍은 누군가의 양손은 말없이 많은 이야기를 하고 있었다. 험한 노동으로 손바닥이 갈라진 손들. 그중에 왼손 검지가 잘려나간 손 사진이 눈길을 끌었다. 산업재해를 입은 손이지 싶었는데 그 사진을 본 순간 오른손 검지를 단지한 셋째 작은아버지가 떠올랐다.
　엄마는 시동생 넷 중 셋째 작은아버지가 제일 다정했었다고 했다. 홀시아버지와 시동생 넷 그리고 줄줄이 낳은 6남매를 책임져야 했던 엄마를 위해 말없이 걸레를 들고 청소를 거들던. 그리고 다 쓴 걸레를 깨끗하게 빨아 마루 끝에 놓아주던 셋째 시동생. 그러나 내 기억 속의 셋째 작은아버지는 술주정뱅이에 불과했다. 한국전쟁이 터지고 둘째 작은아버지가 군 입대 한 후 행방불명이 되었다. 그는 다음 차례인 자신의 군 징집이 겁이 나 도끼로 자신의 오른손 검지 한마디를 잘랐다.

　그는 징집은 면했으나 그 후의 삶은 피폐해졌다. 손가락 한 마디가 잘려 나가면서 그 자리에 죄의식이 생긴 것일까. 전쟁의 공포가, 날카로운 도끼날의 섬뜩함이 그를 집어삼켰나. 그는 정상적인 생활을 하지 못했다. 그리고 의처증으로 작은엄마를 괴롭혔다. 작은엄마는 견디지 못하고 집을 나갔다. 그는 2남 2녀 어린 자식들을 끌고 친척집을 전전했다. 자신의 인생도 인생이려니와 학교도 다니지 못한 채 끌려 다닌 자식들의 인생까지 엉망진창이 되었다.

　곧 추석이었다. 온 집안이 명절 준비로 분주하고 시끌벅적하였다. 전과 잡채 그리고 특히 맛있는 대추와 생밤 유과와 약과. 그러나 나는 추석이 가까워 오면 올수록 공포감에 휩싸였다. 명절이면 술에 잔뜩 취한 셋째 작은아버지가 아침부터 나타나 온 식구들을 괴롭혔기 때문이었다. 그리고 어느 때보다 즐겁고 행복해야 마땅한 날 무표정한 얼굴로 그 옆에 앉아있는 어린 사촌들. 특히 손가락이 잘린 오른손을 흔들며 아버지에게 돈을 요구할 때 뭉툭한 손끝을 보는 일은 끔찍했다.

　드디어 추석날 아침. 이른 아침부터 대문을 요란하게 두드리는 소리가 났다. 눈보다 먼저 깨어 요동치는 심장소리. 셋째 작은아버지가 사촌형제들을 끌고 집안으로 들어섰다. '얼음 땡 놀이'의 순간처럼 그

대로 얼어붙은 채 선 가족들. 그는 마당 한가운데에 서서 눈을 가늘게 뜨고 집안을 휘둘러보았다. 그리고 대청마루에 서있던 아버지를 향해 낮게 소리쳤다.

"돈 줘!"

그것은 맹수가 작은 짐승을 덮치기 전 자신의 힘을 과시하기 위해 선수 치는 포효 같은 것이었다.

마음 약한 아버지가 돈을 가지러 안방으로 들어가려 하자 엄마가 딱 막아섰다.

"돈 없어. 돈 맡겨놨어?"

누구에게도 함부로 대하는 법이 없던 엄마의 모습에 놀랐다. 맹수의 공격 대상이 바뀌었다. 그는 엄마를 향해 소리쳤다.

"착한 형 뒤에서 조종하는 너는 빠지고 돈 달라고!"

엄마는 셋째 작은아버지가 열 살 때 시집와서 먹이고 씻기고 입혀 자식처럼 길렀다. 돈이 아까워서가 아니라 그렇게 구걸한 돈이 그를 망치고 있어서 안타까운 엄마의 마음을 그만 몰랐다.

작은아버지가 평소와 다른 엄마의 기세에 눌려 주변을 두리번거렸다. 그때 그의 매서운 눈이 수돗가에 잘 씻어서 엎어놓은 유리 재떨이를 발견했다. 그는 유리 재떨이를 집어서 마당 한가운데에 내동댕이쳤다. 유리 재떨이는 산산조각이 났다. 그중 칼처럼 손에 쥐기 좋은 크기의 유리조각을 집어 들고 비실비실 웃음을 흘리며 자신의 팔을 긁었다. 아버지는 더 이상 참지 못하고 방으로 뛰어 들어가 돈을 들고 나왔고 그는 회심의 미소를 지었다. 그의 승리였다.

사진전에 전시된 검지 한마디가 잘린 손을 본 순간 셋째 작은 아버지가 예고 없이 기억 속으로 훅 치고 들어왔다. 사진작가가 이야기하고 싶었던, 지금의 세상을 만든 누군가의 손들. 그중에서 산업재해로 왼손 검지가 잘린 손에 셋째 작은아버지의 잘려나간 오른손 검지가 겹쳐 보였다. 삼촌들 중에 제일 다정했다던. 전쟁에 참여한 형의 죽음과 자신에게 덮쳐올 죽음의 공포가 제 손가락을 스스로 자르려고 도끼를 들게 했을 시대의 비극.

그는 어린 나에게 존재만으로도 최고의 공포였는데. 그 당시 젊은 청년이었을 그가 피눈물을 흘리며 공포 서린 눈으로 양손을 내밀며 나를 보고 있었다. 그저 평범한 국민이었고 다감한 동생이었고 형이었고, 일찍 돌아가신 엄마 대신 길러준 형수에게 다정했던. 한 집안의 든든한 가장이었을. 전쟁을 모면하려고 스스로 손가락을 자른 부끄러움이 견디기 어려웠을까. 공포를 이기려 술을 마셨겠지. 아프다! 아프다! 아프다! 소리 높여 울부짖는 것으로 하루하루를 살아내야 했겠지.

어린 조카가 다 늙어서야 그것도 다른 이의 잘린 손가락 사진을 마주하고서야 작은아버지의 아픔을 헤아리고 있다. 그리고 이제야 용서를 빈다. 한 번도 작은아버지라고 불러본 적이 없는 작은아버지. 죄송해요 작은아버지. 그땐 너무 어렸어요. 그러나 이젠 알아요. 작은아버지의 탓이 아니에요. 다른 세상에선 평안하신가요. 다들 만나셨나요. 이제는 작은아버지에게 다정만 남아서 부모님과 형제들과 작은엄마와 함께 온갖 꽃들이 만발한 꽃 대궐에서 부디 평안하세요.

큰오빠 이야기

서대문 미동초등학교 앞에 육교가 생겼다. 육교 위의 가로등 덕분에 밤새 환했다. 큰오빠는 육교 위 가로등 아래에서 친한 친구를 자주 만났다. 그럴 때 나를 데리고 갔다. 큰오빠가 이야기를 나누는 동안 갑자기 밝아진 세상에 어쩔쭐 모르고 뛰어다니는 땅강아지를 쫓아다녔다. 오빠는 주로 미국인과의 펜팔이야기를 했다.

외국에 나가기가 어려웠던 시절 오빠는 유학을 꿈꾸었다. 펜팔친구가 시계수리를 배워오면 좋다고 한 모양이었다. 그 후로 우리 집에는 낡은 시계와 시계 속 작은 나사들을 풀 수 있는 아주 작은 드라이버세트가 돌아다녔다. 저녁밥을 먹고 나면 오빠는 마당에 놓인 역기를 들 수 있는 운동기구에서 운동을 했다. 그리고 나서 노란색 미제 연필을 깎아서 내 필통에 넣어주었다.

내가 5학년 때 큰오빠는 드디어 미국으로 떠났다. 온 친척들 큰오빠와 동갑이어서 친하게 지내던 뒷방 수옥이 아버지까지 모두 김포

공항으로 배웅을 나갔다. 장난꾸러기였던 삼촌들 친구가 많아 시도 때도 없이 동생친구들이 방을 차지한 동안 구석에서 조용히 영문책을 읽던 큰오빠가 오랫동안 꿈꿔왔던 자신의 꿈을 향해 한발 내딛는 순간이었다.

가끔씩 연하늘색 항공우편이 도착했다. 자신의 일상을 간단하게 적은 큰오빠의 편지였다. 편지가 오는 날짜가 자꾸 늦어졌다가 어느새 끊어졌다. 그리고 키펀쳐[1]라는 직업을 가진 여자와 결혼했다는 소식이 마지막이었다. 아버지가 퇴직금 사기를 당해 경제적인 도움을 줄 수 없는 형편에 홀홀단신 미국생활이 힘들었을 것이다. 그리고 세월이 흘러 아버지가 돌아가셨다.

나중에 결혼해서 해외지사로 발령받아 미국으로 간 이종사촌오빠에게서 소식이 왔다. 큰오빠가 자리 잡아 한국에 한번 오려고 트렁크까지 싸두고 준비를 했다고 한다. 그러다가 아버지 사망소식을 듣고 이제 다시는 한국에 갈 일이 없겠다며 오래 울었다고. 큰이모로부터 그 소식을 들은 엄마도 오래 울었다.

"내가 저를 어떻게 키웠는데……"

엄마가 열아홉이 되자 과년한 처녀들은 어디 험한 곳으로 잡아간다는 소문에 외할아버지가 아들 많은 친구의 큰아들에게 시집을 보

---

[1] 초기 컴퓨터시스템에서 데이터입력을 위해 컴퓨터용 카드를 천공기로 구멍을 뚫는 직업

냈다. 시집 간지 얼마 되지 않아 외가에서 자란 큰오빠가 집으로 왔다. 그때 큰오빠의 나이 네 살이었다. 아버지를 닮아 과묵하고 젊잖았던 큰오빠에게 엄마는 많이 의지했다. 엄마는 모든 일을 의논했고 집이 풍비박산 나자 큰오빠와 함께 집을 보러 다녔다.

큰오빠에겐 네 살부터 길러준 엄마의 공은 없었다. 큰오빠는 일찍 엄마를 잃고 외가에서 외롭게 자라 일찍 철이 들었나. 그래서 늘 엄마의 마음을 먼저 헤아렸고 그래서 엄마는 전처 아들을 어려워했었나. 엄마가 큰오빠를 어려워하지 않고 다른 아들들처럼 막 대했다면 달랐을까. 삼촌들과 배다른 형제들 속에서도 늘 외로웠던 것일까. 그래도 마음 한 구석에는 낳아준 아버지를 향한 그리움으로 가득했었나.

언니가 나중에 미국으로 이민 가서 큰오빠를 찾아보았다는데 찾을 수 없었다고 했다. 내가 열두 살 때 미국으로 떠난 큰오빠. 명함판 사진 몇 장과 김포공항에서 단체로 찍은 그날의 사진 말고는 기억에 없는 큰오빠가 매일 깎아주던 노란 미제연필만 새삼 그리웁다.

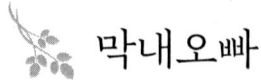 막내오빠

　작년 4월에 큰딸의 육아를 거들어야 해서 영국에 가기 전 막내오빠가 찾아왔다. 꿈속에서. '머지않아 돌아가시겠구나.' 짐작을 했다. 그리고 영국에서 있던 8월에 둘째오빠에게서 전화가 왔다. 임종식 날을 잡았다고. 둘째오빠와 나는 가톨릭신자인데 반해 임종식은 개신교 방식의 임종 전 작별의식 같았다.
　"지금 영국이라서 참석은 못하니 같은 시간에 성당에 가서 기도 할게요."라고 대답했다.
　가톨릭 성당이 많지 않은 동네에 성당이 있었고 마침 그 시간에 미사가 있었다.

　나보다 열 살이 많은 막내오빠는 병약했다. 한국전쟁 때 피난 내려가서 큰 병을 앓았다. 병원을 갈 수 없어서 세 살짜리가 혼자 끙끙 앓는 수 밖에 없었다. 배가 남산만 해 졌다가 설사를 하더니 아이는 꼼짝 못 하고 누워있기만 했다. 그러다가 갓난아기처럼 다시 뒤집고 기고 일어섰다. 한쪽 다리를 약간 절었다. 나중에 커서 신체검사 받은 결과 징집면제 받았다. 아마도 소마마비를 앓은 것 같다. 병명도 알 수 없이 혼자 앓다가 살아낸 막내오빠는 엄마의 아픈 손가락이었다.

집이 망하고 자신이 할 수 있는 것이라고는 아무것도 없자 비관해서 한 번의 가출 두 번의 자살시도를 했다. 그리고 서적외판원을 했다. 그런데 의외로 책을 잘 팔았다. 오빠는 자신감을 얻었다. 그러다가 백화점 기업담당 물품담당을 했다. 백화점 직원이 되어 작은 외삼촌의 소개로 참한 아내를 얻었다. 똘똘한 남매도 낳았다.

자신감을 얻은 오빠는 자기 사업을 시작했다. 처음에는 잘되었다. 아이들이 어느 정도 크자 올케도 같이 뛰었다. 그러다가 사업이 기울자 그 불똥이 내게 튀었다. 내 쌈짓돈이 건너갔고 내가 소개한 계에 곗돈 타고 곗돈을 못 부었다. 우리 집 육아도우미 할머니의 돈도 다 꿔갔다. 엄마의 쌈짓돈은 진작에 다 그리로 들어갔다. 올케가 다 못 부은 곗돈도 내가 부었고 이모할머니 돈도 내가 갚았다. 그러느라 나는 집도 팔고 줄여가야 했다. 그 와중에 엄마의 집을 둘째오빠가 자기집으로 만들었다.

내가 누나도 아니고 열 살이나 어린 동생인데 나만 제일 힘들었다. 그로 인해 우리 가족들도 힘이 들었고 막내오빠한테 꿔준 돈 못 받을까 봐 나를 괴롭히던 이모할머니와도 끝이 좋지 않았다. 나는 이모할머니에게 돈을 꿔주라고 말한 엄마와 엄마가 평생 애써 지켜온 집을 자기들 명의로 가져간 둘째오빠와 가장 큰 원인제공자인 막내오빠와 절연했다.

 가기 전에 내 꿈속에 찾아와 인사를 하고 간 막내오빠의 임종소식을 듣고 성당에 갔다. "아마 막내오빠 장례식에 내가 제일 큰 조의금을 낸 사람일 거야. 그러니 좋은 곳으로 가세요." 그렇게 받아야 할 많은 빚을 조의금으로 탕감했다. 내가 법적으로는 갚을 의무가 없는 돈이었다. 그러나 내 신용이 걸린 문제였다. 집까지 팔고 우리 가족들이 다 같이 고생해 가며 빚을 갚느라 나는 미친년처럼 뛰어다녔다. 그런 나를 보며 우리 아이들은 스스로 알아서 잘 살아내었다. 돈 주고도 못 살 초년고생을 해가면서.
 세상에는 공짜가 없다고 한다. 어느 세계든 천적이 있고 막내오빠가 나의 천적이었나. 그 덕분에 우리 아이들이 다 잘 되었을까. 결과를 놓고 본다면 내가 고생한 덕분에, 남의 돈 한 푼도 안 떼어먹고 다 갚은 덕분에, 그 공이 우리아이들에게 간 것이라면 내가 잘 버텨낸 것이리라. 나의 삶은 내가 책임졌으니 다음 생이 있다면 막내오빠가 부디 건강하게 태어나 전쟁도 겪지 않고 남들에게 베풀며 살아가는 삶을 살라고 두 손 모은다.

외가 이야기

한 달에 한번 정도 엄마는 아현동 외가에 갔다. 외할아버지의 짙은 눈썹 끝은 관운장의 눈썹처럼 위로 길게 뻗어있었다. 늘 장죽을 물고 살아서 외할아버지 방에 들어가면 담배 냄새가 잔뜩 배어 있었다. 나는 늘 담배 냄새가 나는 외할아버지의 근엄한 모습이 무서웠다. 그러나 엄마는 외할아버지를 존경했다. 매우 결단력 있고 강단이 있는 분이라고. 엄마는 거의 모든 일을 외할아버지와 의논했다. 소식 없이 사는 다른 이모들의 안부도 전해드렸다.

용인에서 농사짓던 외할아버지. 일제강점기에 농지 수탈에 혈안이 된 주재소 순사에게 피 조사에서 피 한 포기가 걸렸다. 벌금 대신 두 무릎을 뒷박 속에 넣으면 봐주겠다고 조롱하던 순사. 할아버지는 농지를 팔아 큰 벌금을 물고 경성으로 올라와 가난한 도시빈민이 되었다. 한국전쟁에서 피난 가지 않고 혼자 서울에 계셨던 외할머니를 폭격에 잃었다. 딸 넷을 시집보내고 혼자가 된 외할아버지는 두 아들을 키워냈다. 엄마는 홀시아버지를 잘 모신다고 외가에 갈 때면 큰 외숙모가 좋아하는 음식을 따로 사갔다.

 큰외삼촌은 내 취직을 위해 신경을 많이 썼다. 그런데 번번이 취직이 안 되었다. 절대로 안 되려야 안 될 수가 없던 어느 회사에 시험을 보고 온 나는 꿈을 꾸었다. 12명 뽑는데 14등 한 꿈. 큰외삼촌이 전화로 나를 달랬다. 외삼촌에게 꿈 이야기를 하면서 괜찮다고 했다. 외삼촌이 그렇게 열심히 나를 위해 취직자리를 알아본 것은 외삼촌의 아들이 나와 동갑인 점도 있었지만 자신에게 많은 도움을 준 엄마에 대한 보은의 마음이었다. 그런데 그것이 마음대로 되지 않았다. 내가 신혼 단칸방에 살 때 내 생일날 큰외삼촌과 외숙모가 우리 집에 찾아왔었다. 지금 생각해도 나 자신이 이해가 가지 않는 게 단칸방에 시어머니가 내 생일을 차려주려고 오셨는데 큰외삼촌 내외를 방으로 들이지 않았다. 시어머니가 한 상 떡 벌어지게 차려놓은 생일상이었는데. 내 마음속에 큰외삼촌 내외에 대한 서운함이 남아있었던 걸까.

 나는 지금도 또렷하게 기억한다. 엄마와 내가 외가에 들어섰을 때 반가워서 "형님!"하고 부르면서 신발도 신지 않고 버선발로 달려 내려오던 큰 외숙모의 모습. 우리 집이 망해서 홍은동으로 이사를 갔고 나는 버스를 타고 학교에 다녔다. 주말이면 집으로 가지 않고 아현동 외가로 갔다. 외사촌들과 놀면서 일요일을 보내고 월요일에 외사촌과 같이 학교에 갔다. 국민학생이 만원 버스에 올라타고 서대문에 있는 학교에 다니는 일이 힘들었기 때문이다.

어느 토요일. 학교에서 외가에 도착한 그날 마루 끝에서 점심을 먹고 있던 사촌 준이의 태도가 좀 이상했다. 지금 생각하면 사춘기가 왔고 내외를 한 것이었을지도 모르겠다. 준이의 손목에 번쩍이는 손목시계가 보였다. 그리고 마루에는 소년소녀 세계명작이 책꽂이에 나란히 꽂혀있었다. 그전까지는 인식하지 못하고 있었는데 외가와 우리 집의 생활수준의 차이가 확연히 느껴지던 순간이었다.

그리고 외가에서의 월요일 아침. 나는 전날 미리 도시락을 꺼내놓아야 했는데 깜빡하고 월요일 아침에야 도시락 통을 내놓았다. 금요일에 제사여서 모처럼 소고기 고추 졸임을 반찬으로 싸갔었다. 반찬통에는 먹다 남긴 고추만 남아있는 게 부끄러웠다. "제사가 있었어요." 나는 기어들어가는 소리로 외숙모한테 말했다. 외숙모가 혼잣소리를 했다. "없는 집 제사 돌아오는 듯 한다더니 쯧쯧쯧…." 외숙모의 혼잣소리는 바로 옆에 서있던 내 귀에 화살처럼 꽂혔다. 나는 다시는 외가에 가지 않았다.

오빠와 외삼촌은 중 고등학교 동문이라서 동문 산악회에서 가끔씩 만난다고 한다. 가끔 큰외삼촌 이름을 검색해 본다. 평생 전문 분야에서 독보적으로 잘 살았고 구십이 넘은 지금도 그림을 그리면서 건강하게 잘 지내고 있는 외삼촌. 돌아가시기 전에 한번 찾아뵈어야겠다.

이야기 두울

엄마를 기억하는 방법

백보 _ Jogakbo of One Hundred Pieces

총 100개의 천 조각으로 구성된 이 작품은 조화롭게 이어진 조각보입니다. 균형과 반복, 절제된 재사용 안에서 아름다움을 찾는 한국적인 미학을 담고 있습니다.

This work is composed of exactly one hundred fabric fragments, sewn together in harmony. It reflects the Korean philosophy of beauty found in balance, repetition, and mindful reuse.

나의 어머니 공연순 여사

우리 엄마는 1919년 삼일 만세운동이 일어난 해에 태어났다. 과년한 딸들은 어딘가로 데려간다는 소리에 1914년생 아버지와 혼인하여 6남 2녀를 낳았다. 일제강점기와 한국전쟁을 겪고 살만해지자 1958년 마흔에 막내인 나를 낳았다. 서대문네거리에 있는 우리 집은 일가친척들의 정거장이었다. 많은 사람들이 드나들었다. 오빠친구 중에는 쌀 한 가마니 지고 들어와 졸업할 때까지 머문 이도 있었다.

아버지가 퇴직금 사기를 당해 집이 풍비박산 나고 도시 외곽으로 밀려난 생활을 했을 때 사람들의 달라진 인심 덕에 나는 애어른이 되었다. 누구도 믿지 않았고 삶에 무심했고 꿈도 없었다. 내 힘으로 할 수 있는 것이 하나도 없던 삶은 나를 무기력하게 만들었다.

직업군인이었던 막내 이모부의 제대 후 생활력 강한 막내 이모가 노량진에서 여관을 했다. 사업 중에 방 장사와 돈 장사가 최고라며 막내 이모가 엄마에게 여관업을 권했다. 그래서 나는 여관집 딸이 되었다. 그 덕분에 대학도 갔다. 친한 친구에게도 집을 공개하지 못했고 집에 데려올 수도 없었다. 엄마가 여관 일을 시키지 않았지만 살림을 도맡아야 했다. 나중에 아버지가 여관 손님과 시비가 붙어 다투다가 넘어져 자리보존 하고 있을 때 아버지 수발도 들어야 했다. 모두들 효녀라고 했지만 나는 알고 있었다. 내가 효녀가 아니란 것을. 아버지도 나의 눈빛을 눈치 채고 있었을 것이다. 내가 마지못해 하고 있다는 것을.

혼자 한의원에 다니면서 침을 맞고 집으로 돌아오던 아버지가 길에서 쓰러졌다. 그런 아버지를 여관에서 지내게 할 수 없어서 아버지는 둘째오빠네로 갔다. 둘째 올케는 이기적인 사람이어서 아버지의 수발을 들게 할 수는 없었다. 엄마와 내가 번갈아가며 오빠네 집에 다녔다. 병세가 호전되기는 커녕 더 이상 좋아지지 않자 아버지는 비관스런 마음으로 스스로 삶을 마감했다. 장례식장에서 사람들이 수런수런 그런 아버지의 심정을 이해한다는 이야기를 했다. 귀를 막았다.

아버지의 그런 선택은 두고두고 나를 괴롭혔다. 내가 절대로 착한 효녀가 아니란 것을 눈치 챘을 아버지. 착 가라앉은 목소리로 서랍장 첫 번째 칸에서 큰 이불홑청을 가지고 오라고 전화를 한 엄마의 목소리. 이불홑청을 싸들고 한강다리를 건널 때 노을 지던 그 황혼빛을 잊을 수 없었다. 한동안 노을이 지면 하던 일을 팽개치고 집으로 돌아가야 했다. 나는 다시 우울로 무장했던 어린 시절로 돌아가 있었다.

모진 고생을 하면서도 의연한 태도를 지니고 늘 불경을 외우던 엄마의 단정한 모습을 나는 존경했다. 엄마는 둘째 오빠네 아이들 셋을 키우느라 등이 휘었다. 그러면서도 틈이 날 때마다 우리 집에 와서 거들었다. 그리고 엄마네 집 세입자의 식모였던 이를 우리 집 육아도우미로 소개했다.

그런 엄마에겐 아픈 손가락인 막내아들이 있었다. 한국전쟁 때 치료를 하지 못해 평생 병약했던 막내오빠. 그 오빠가 사업을 하였다. 사업이 힘들어지자 엄마의 간곡한 청으로 이모할머니의 전 재산을 막내오빠에게 빌려주었고 그 빚은 고스란히 나의 책임이 되었다. 남에게 돈을 꾸어 이모할머니에게 갚았다. 빚 때문에 우리 가족은 이사를 몇 번씩 다녀야 했다.

나는 엄마를 원망했다. 엄마에게 화가 나서 엄마를 들여다보지 않았다. 그래도 여름이면 모시적삼과 엄마가 좋아하는 복숭아를 사 보냈다. 그러는 사이 둘째오빠 내외가 엄마 집을 자기들 앞으로 공동명의 해 갔다. 나는 더 화가 났다. 나 혼자 울그락 불그락하는 동안 엄마는 혼자 외롭게 돌아가셨다. 나는 어리석게도 엄마가 평생 살 거라고 생각했나 보았다. 엄마를 다시 볼 수 없다는 사실이 믿어지지 않았다. 언제든 달려가 베고 누워 뒹굴거리며 의지할 엄마의 무릎이 사라졌다.

장례기간동안 다른 형제들이 미웠고 제일 크게 우는 막내오빠가 보기 싫었다. 그 중에 제일 미운 사람은 나였다. 그래서 울지도 못하고 꼿꼿하게 자리를 지켰다.

49제 다음 날 공원묘원에 갔다. 한겨울 새로 생긴 공원묘원에는 사람이 별로 없었고 한쪽에 불을 지핀 드럼통이 있었다. 엄마의 모시적삼을 태우고 나는 비로소 목 놓아 울었다. 늦둥이 막내라서 엄마와 함께 한 시절이 길었다. 그 세월이 주마등처럼 지나갔다. 살아 생전에 내가 모셔와야 했다. 둘째 오빠가 짐 보따리를 챙겨 엄마를 우리 집에 모셔왔을 때 그냥 엄마를 끌어안아야 했다. 죄책감과 함께 후회가 몰려왔다. 깊은 골 산등성이 너머로 붉은 울음을 삼킨 노을이 지고 있었다.

엄마를 기억하는 방법

꿈에 엄마가 왔다. 엄마 돌아가시고 삼 년 만이었다. 엄마의 얼굴은 평안했다. 엄마가 나를 보고 미소 지었다. 비로소 나의 마음도 녹아내렸다. 원망도 죄책감도 함께. 나는 그제야 엄마 유품정리 때 가져온 모시 홑이불과 모시적삼을 꺼냈다. 엄마가 오래 입어 야들야들해진 적삼도 가능하면 최대한 다 마름질했다. 그리고 모시 홑보를 여러 개 만들었다. 그 모시 홑보 이름은 〈나의 어머니 공연순 여사〉다. 그중 한 개를 미국에서 결혼해 사는 엄마의 첫 손녀인 조카에게 가져다주었다. "이 작품의 이름은 너의 할머니 공연순 여사야." 하면서.

내가 나중에 뇌경색으로 쓰러지고 난 후 웰다잉 공부를 했다. 죽기 전에 해야 할 일 중 빚 정리와 함께 마음의 빚 청산이 있었다. 웰다잉 강사를 하면서 수강생들에게 죽기 전에 해야 할 일 중 빚 정리와 함께 마음의 빚도 정리하라고 말했다. 그러면서 돌아가신 분과도 마음의 빚 청산을 하라고 말했다. 수강생들이 깜짝 놀라 물었다.

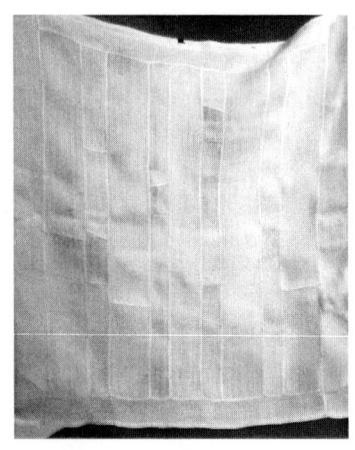

나의 어머니 공연순 여사

"돌아가신 분과도 화해가 되나요?"
"네. 저도 돌아가신 엄마와 삼 년 만에 화해했어요."

   그제서야 나는 그리운 엄마를 떠올리고 엄마의 이야기를 입 밖으로 낼 수 있었다.

   여름이 되면 나는 창가에 이 모시 홑보를 건다. 모시 홑보가 바람에 흔들리면 나는 엄마를 느낀다.

우리 어머니 김정자 여사

사십대에 자식 넷을 두고 혼자되신 시어머니 김정자 여사는 씩씩하였다. 없이 살아도 당당했고 붙임성도 인정도 많은 분이었다. 생활력이 강해서 어느 자식의 신세도 지지 않고 혼자 지냈다. 이기적인 어머니는 당신 일에 관한 일들은 미리미리 준비를 해놓아서 나중에 자식들이 편했다. 그런데 어머니는 오래 고생을 해서인지 살만해 지자 맥을 놓았다. 요양원에서 5년을 지낸 어머니는 하얗고 마른 얼굴에 눈썹 문신만 날아갈 듯 선명했다.

어머니 돌아가시기 전에 미리 집을 정리하던 큰 시누가 내가 가져갈 게 있는지 물었다. 나는 어머니의 모시적삼만 가져왔다. 그리고 해가 바뀐 1월 1일에 어머니가 돌아가셨다. 어머니는 아버님이 돌아가셨을 때 공원묘원 옆자리를 미리 장만해 두었다. 생전에 함께 산 세월이 너무 적어서 돌아가셔서라도 오래 함께 있고 싶다는 염원이었다. 그 자리에 40여 년 만에 안치되셨다.

어머니의 1주기를 앞두고 어머니의 흰색과 꽃분홍색 모시적삼을 해체했다. 두 가지 색으로 조화롭게 만든 모시 홑보는 1주기 기념으로 두 시누이들에게 선물했다. 누구보다도 딸들에게는 친정엄마의 빈자리가 클 것이기에. 아직 남은 어머니의 적삼들로 만들 모시 홑보를 포함한 모시 홑보의 이름은 <우리 어머니 김정자 여사>다.

우리 어머니 김정자 여사

내 친구 은희 어머니 오일석 여사

중학교 1학년 때부터 지금까지 친하게 지내는 친구 은희 어머니가 갑자기 돌아가셨다. 딸만 셋이라서 평소에 자식 신세 안 지겠다는 말을 입에 달고 지낸 분이다. 딸들이 추석에 시댁에 먼저 다녀오고 모인 추석 다음날. 서둘러 서울로 올라가는 딸들 트렁크에 평소에 장만해 둔 마른 나물이며 갖은 반찬들을 잔뜩 실어 보내고 큰길까지 배웅 나온 어머니.

딸들이 서울을 향해 가고 있을 때 어머니는 돌진한 트럭에 치여 돌아가셨다. 평소에도 입버릇처럼 너희들 신세 안 진다고 하시더니 추석 명절 한 번만 챙기라고 추석 다음날 돌아가셨다며 울던 은희. 슬픔에 빠진 친구를 위로할 길이 없었다. 은희에게 모시든 삼베든 어머니의 유품을 달라고 했다. 모시와 삼베 두 가지 색상으로 만든 홑보는 또 다른 멋이 있었다.

그 모시삼베 홑보를 두 개 만들어서 은희에게 전했다. 그 작품의 이름은 〈은희 어머니 오일석 여사〉다. 내가 은희와 어렸을 때부터 친

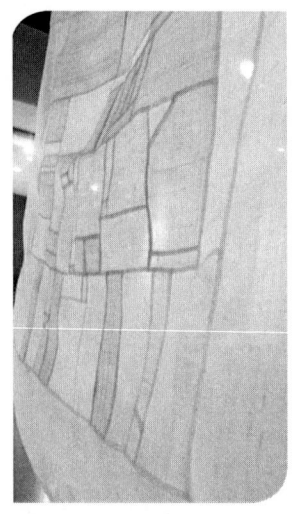

은희 어머니 오일석 여사

구였지만 은희 어머니의 성함을 물어볼 일은 없었기에 돌아가시고 나서야 은희 어머니 성함을 알게 되었다. 이 작품은 내가 조각보 전시 할 때마다 빌려온다.

큰딸이 엄마를 기억하는 방법

어려서부터 성격 급하고 눈치 빠르고 욕심 많고 무엇이든지 다 잘하던 큰딸. 어딜 가나 골목대장 큰딸은 그 당시 구호였던 '열 아들 안 부러운' 씩씩한 딸이었다. 어릴 때 들어온 육아도우미 할머니가 둘째만 예뻐하고 편애했다. 그럼에도 잘 참고 동생 둘을 어미 새처럼 거두었다. 초보 엄마인 내가 아이를 어찌 다뤄야 할지 몰라서 매도 많이 맞았다. 그래서 집밖으로 돌았다. 아이의 얼굴을 보면 늘 애정을 갈구하는 표정이었지만 나도 편애를 할 수는 없었다. 아이의 생각에 엄마는 무서운 사람이었다. 중학교 3학년이 되어서야 엄마의 속마음을 알아차렸다. 그럼에도 혼자 강해져 있는 아이와는 자주 부딪혔다.

어느 날 뒤돌아보니 정작 나를 위해 한 일이 없었다. 해서 더 늦기 전에 40대 안에 석사를 마치고 싶었다. 큰맘 먹고 대학원에 입학했다. 어느 날 큰딸이 슬며시 말을 걸었다.
"나는 엄마가 공부를 시작해서 너무 좋아."

"왜?"

"엄마가 학교 다니느라 옷을 챙겨 입었고 그리고 웃었어."

내 모습을 돌아보니 늘 반바지 티셔츠에 운동화를 신고 이리 뛰고 저리 뛰었다. 특히 예민한 큰딸 눈에 비친 내 모습. 삶이 피폐해지면 웃음이 제일 먼저 달아난다. 행복하지 않은 엄마의 모습을 바라본 아이들의 마음은 어땠을까.

큰딸은 대학교 졸업하자마자 이탈리아로 유학을 떠난 후 오래 해외에서 살았다. 어느 날 돌아온 아이의 가방에 매달린, 내가 만들어 준 조각보 잉어 한 마리. 그걸 보는 순간 눈물이 났다. 내색은 안 했어도 엄마를 그리워하는 마음이었을 것이다. 다시 이탈리아로 떠나면서 조각보주머니 티셔츠를 거의 다 가져갔다. 타국에서 혼자 견디는 방법이었을 것이다.

2015년 밀라노엑스포기념 문화축전에 《오르페오와 에우리디체》를 공연하러 갔던 때였다. 큰딸은 시칠리아 트라파니 야외극장에서 조연출을 하고 있었다. 서울오페라앙상블 공연을 마치고 나는 시칠리아로 날아갔다. 몇 년 만에 만난 우리 모녀는 너무 반가워서 꼭 잡은 손을 놓지 않고 에메랄드빛 바다를 보며 걸었다. 우리가 단 둘이 이렇게 시간을 보낸 일이 얼마만인지. 5살과 9살에 동생을 보았고 엄마

자리를 대신하며 큰 딸이었다. 엄마를 독차지한 어린 시절이 4년뿐이었구나. 넌.

도심의 공원에 있는 야외극장에서 공연된 오페라《리골레토》. 공연이 시작되고 막이 열리자 천천히 무대 뒤 공원의 키 큰 나무들과 구름이 서서히 흘러가는 검푸른 하늘이 오페라의 배경으로 들어왔다. 빨간 모자와 빨간색 긴 머플러를 휘두르며 리골레토가 무대 위에서 종횡무진 악역을 펼치고 있던 순간. 그 순간이 오래 기억에 남아있다. 딸도 객석에 앉아있는 엄마를 생각하며 열심히 무대 뒤에서 뛰어다녔으리라. 공연이 끝나고 누구도 아닌 무대 뒤의 딸을 향해 힘껏 박수쳤다. 엄마 나 이만큼 컸어요. 대견하지? 딸의 목소리가 들리는 듯 했다.

그 후 큰딸은 스칼라극장의 아시아인 최초 무대감독이 되었다. 쿠웨이트에서 왕립극장 총괄 운영할 인재를 이탈리아 스칼라 극장에 의뢰를 했다. 이탈리아 사람들이 영어에 약하다. 해서 첫째가 쿠웨이트 왕립극장 기획 및 운영책임자로 갔다. 중동은 아시아보다 더 보수적이고 남성중심사회여서 여자가 총괄기획을 맡는 일은 획기적인 일이었다. 거기에서 영국인을 만나 지금은 영국에서 아기를 낳고 살고 있다. 부부가 만삭 사진을 찍어 보냈는데 내 조각보 주머니 티셔츠를

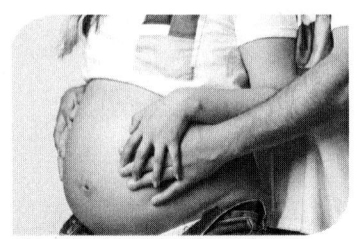

조각보 주머니 티셔츠 입고 찍은 만삭사진

입고 찍었다. 그 사진에는 그리움과, 사랑과, 자랑스러움이 다 들어있었다.

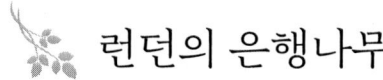 런던의 은행나무

  2022년 10월. 오랜 유학생활을 마치고 영국인과 결혼해서 런던에서 살고 있는 큰딸의 출산을 돕기 위해 런던에 도착했다. 그동안 혼자 출산 준비를 하던 딸이 만삭의 몸을 하고 공항에 마중 나왔다. 대견하면서도 안쓰러웠다. 병원에서는 산모의 자연분만을 위해 많이 걸을 것을 권하였다. 영국은 주택가에 크고 작은 공원들이 많아서 우리는 틈만 나면 산책을 하였다. 11월임에도 영국은 기온이 그리 낮지 않아서 공원에는 여러 가지 색깔의 크고 작은 꽃들이 만발하였고 푸른빛을 간직한 침엽수들이 키 자랑하며 서 있었다. 그럼에도 늘 흐리거나 비가 자주 오는 영국 날씨는 낯설었다. 그래서인지 이름 모를 꽃도 나무들도 낯설었다.

  새벽녘 이슬이 비친 딸과 사위와 병원으로 향했다. 딸은 분만실에 들어간 지 10시간 만에 사위와 딸을 반씩 닮은 딸을 순산하였다. 딸이 입원실로 옮기고 신생아 검사를 진행하는 것을 본 후 나는 마음이 바빠서 먼저 집으로 돌아와 미역을 물에 담갔다. 영국은 순산 후 별

일 없으면 바로 퇴원을 시키기 때문이었다. 서둘러 밥을 하고 미역국을 끓였다. 곧이어 갓난아기를 안고 딸과 사위가 돌아왔다. 출산으로 몸이 가벼워진 딸은 양말도 신지 않고 냉장고 문을 열고 콜라를 벌컥벌컥 마셨다. 아기를 낳은 지 하루밖에 안 된 산모가. 말릴 새도 없었다. 그 모습을 보는 내 속이 타 들어 갔다.

출산 다음날부터 사돈들과 친구들의 축하 방문이 이어졌다. 출산 후 삼칠일 동안 외부인의 출입을 금하는 한국의 풍경과는 완전히 다른 문화에 나는 내색도 못한 채 아연실색했다. 우리나라가 산모의 휴식을 위해 삼칠일 동안 금줄을 친 것은 층층시하에 앉아서 밥상을 받기 불편한 산모를 위한 배려였을 것이다. 그러나 여기는 영국이고 산모가 건강하면 출산 하루 만에 퇴원시키는 나라다. 그리고 다들 아기의 얼굴이 궁금했을 테니 이해해야 했다. 영국식 손님치레는 차를 즐겨 마시는 문화이니 간단하게 차 한 잔씩 대접하면 되는 일이었다. 그래도 그때마다 일어나서 아기를 안고 웃으며 이야기를 나누는 딸이 안쓰러워 나 혼자 좌불안석이었다.

한국에서는 산모의 몸을 따뜻하게 하고 갓난아기도 따뜻하게 꽁꽁 싸매는데 영국에서는 약간 춥게 온도를 유지했고 신생아 목욕도 며칠에 한 번씩 씻겼다. 홀로 외국에서 출산 준비를 했던 딸은 인터넷의 정보를 통해 출산과 육아의 정보를 얻고 있었다. SNS의 육아 정보가 딸에게는 절대적 진리였고 나의 조언은 무용지물이었다. 동서 간의 문화차이도 차이지만 부모자식 간의 간극이 너무 컸다. 딸은 더 이상 품 안의 자식이 아니었다.

영국의 의료시스템은 임신판정과 동시에 담당 산파를 지정해주고 출산 후에도 지정 산파가 집으로 방문한다. 딸의 출산 첫 이레가 되자 산파가 방문했다. 산파가 나를 흘긋 보더니 아시아 친정엄마들이 아기들을 너무 덥게 키운다며 아기를 꽁꽁 싸매지 않고 춥게 기르는 딸을 칭찬하였다. 그리고 신생아 목욕도 "아기가 태어날 때 산도를 통과하면서 몸에 묻히고 나온 엄마의 분비물이 아기에게는 좋은 면역력을 준다"고 한두 달은 며칠에 한 번씩 해주는 게 좋다고 했다. 인터넷에 이어 영국 산파의 승리였다.

영국식 식습관이 몸에 밴 딸은 미역국도 금세 물려했다. 미역국도 안 끓이고 육아휴직하고 딸과 공동 육아를 하는 사위 덕에 나는 딱히 할 일이 없었다. 이럴 거면 나는 뭐하러 여기 온 것인지 존재감 부재로 마음이 힘들었다. 그래서 아침식사를 마치면 집을 나와서 나지막하고 예쁜 영국식 주택들을 구경하며 골목을 누볐다. 예쁜 집들 사진과 특이한 꽃 사진들을 SNS에 올리며 시름을 달랬다. 그런 후 도서관에 들러 사진과 그림이 많은 영국 관련 책들을 주로 보다가 집으로 돌아갔다.

어느 날이었다. 그날도 골목 산책을 마치고 도서관에 들러 집으로 돌아가는 길 어느 집 마당에 은행나무가 한 그루 서 있었다. 초록빛에서 노란빛으로 넘어가는 은행나무를 본 순간 고향에 온 것처럼 반가워 눈물이 났다. 그날 이후 매일 그 집으로 나무를 보러 갔다. 내가 은행나무에 마음을 붙이고 하루하루를 보내는 동안 딸도 산후 회복이 순조로웠고 아기도 무탈하게 잘 자라 하루가 다르게 예뻐지고 있었다. 나무도 사람도 제자리에서 자기의 본분을 다하고 있었다. 은행나무가 제 발치에 노란 은행잎을 카펫처럼 깔고 처연히 빈 가지로 서 있던 어느 날 나는 일정을 당겨 서울로 돌아왔다.

예정보다 서둘러 서울로 돌아간 엄마가 서운했을 딸은 그래도 씩씩하게 엄마 노릇을 잘하고 있었다. 딸은 아이가 크는 모습을 보여주려 자주 영상통화를 했다. 우리 집에서 제일 작은 존재인 아기가 어른들을 한자리에 모이게 하고 함께 웃게 했다. 천사를 대신해서 땅에 내려온 존재가 아기라는 말이 맞는 말이었다.

그러던 어느 날 딸이 그 은행나무 사진을 찍어 보냈다. 내가 런던에 있는 동안 SNS에 올린 글들을 보고 있었던 모양이었다. 그 은행나무는 새로운 해가 되자 새로운 잎사귀들을 주렁주렁 보물처럼 매달고 늠름하게 그 자리에 서 있었다. 나는 그 사진을 보자 소리쳤다. "아, 내 은행나무다!" 내가 마음을 주던 은행나무를 나 대신 바라보며 그 길을 오갔을 딸 생각에 눈시울이 붉어졌다. 나 대신 그 나무가 딸 곁에 있어서 다행이었다. 먼 훗날까지도 딸이 그곳에서 살고 있다면 나무는 사시사철 변해가며 딸에게 인사를 하겠지. 그러다가 내가 이 세상에서 사라지는 날이 오면 나무는 딸의 눈물을 닦아주겠지. 은행나무 한 그루가 이렇게 큰 존재감으로 우리 모녀를 이어주고 있었다.

영국의 고마운 미세스 전

　3년 전 딸의 산후조리를 위해 런던에 도착하니 만삭의 딸이 마중을 나왔다. 타국에서 혼자 출산준비를 하던 딸이 안쓰러워 울컥했다. 딸은 영국에 사는 한국엄마들의 모임에 가입해서 출산할 병원 정보부터 출산준비물까지 얻은 정보를 참고해서 잘 준비해놓고 있었다. 영국은 공공의료 시행국이라서 임산부가 임신이 확인되면 바로 등록하고 산파를 지정해준다. 출산 전까지 매월 1회 지정된 산파를 만난다. 딸은 출산이 임박해서 마지막으로 산파를 만나러 가는 일에 나와 함께 가고 싶어 했다. 병원 바로 옆에 붙어있는 조산원에 갔더니 우리나라 산과의 풍경과 다르지 않았다. 다만 담당주치의가 각종 검사와 초음파를 담당하는 우리나라와 달리 그 방에서 기다리는 의료진이 산파인 것뿐. 출산이 임박한 딸이 이 산파와 만나는 마지막 날이어서 산파는 각종 검사와 초음파로 태아의 건강상태를 확인해주었고 그동안의 진행상태를 모르는 나를 위해 태아의 심장소리까지 들려주었다. 그리고 아무 문제없으니 언제든 진통이 오면 지정 예약한 병원으로 바로 가라고 일렀다. 그러면서 순산에는 많이 걷는 게 도움이 된다는 조언을 해주었다. 충분한 시간을 가지고 임산부를 배려하는 모습이 인상적이었다. 이제 진통이 오기를 기다리는 일 만 남았다.

초산이어서 그런지 출산이 늦어지고 있었다. 딸이 해산 날만 손꼽아 기다리며 힘겨워 하는 동안 나는 영국의 날씨와 싸움 중이었다. 영국의 늦가을은 오후 4시면 해가 지기 시작해서 5시가 되면 캄캄해졌다. 기온이 낮지는 않았지만 안개가 자욱하고 흐리거나 해가 잠깐 났다가도 비 오거나 하루 종일 비가 내리는 날이 많았다. 사위에게 영국인들은 우울증 많이 안 걸리느냐고 물어보기까지 했다. 우리나라의 맑고 높은 가을하늘이 그리웠다. 아침이면 기분전환을 위해 임윤찬의 피아노곡을 찾아 들었다. 내가 임윤찬을 좋아하는 이유는 임윤찬이 열 여덟 살의 나이에 세계적으로 권위 있는 반 클라이번 국제 피아노 콩쿨에 1위 입상자여서 뿐이 아니었다. 어린 친구가 이 세상에 자신의 경쟁자는 자신뿐이라는 듯 내면의 흐름에 자신을 맡기고 초연하게 치는 피아노 선율은 맑은 가을의 따스한 햇살처럼 낯선 이국 땅의 나를 다독이며 위로하여 주었기 때문이다.

매일 열심히 산책을 한 덕분에 딸은 순산으로 건강하고 예쁜 딸을 낳았다. 아기의 예방접종에 관한 정보가 필요했던 딸이 영국 맘카페에 들어갔다. 그런데 평소에는 조용하던 카페 창이 난리가 났더란다. 임윤찬이 런던에 연주하러 오는데 티켓이 매진이라고 서로 구하고 싶다고. 우리가 갓난아기 보느라고 정신이 없던 사이에 임윤찬 연주 정보가 올라와 있었던 것이다. 딸은 3개월 된 신생아 예방접종 BCG에 관해 질문을 남겼고 아시아부모에게서 태어난 아기들만 의무접종이라는 답을 들었다. 영국맘카페에 들어간 김에 딸이 게시판에 글을 남겼다.

"저희엄마가 저의 산후조리를 위해서 서울에서 오셨어요. 엄마가 매일 아침 임윤찬을 들으세요. 혹시 임윤찬 연주회 티켓 취소하는 분 계시면 연락 부탁드려요. 엄마께 꼭 임윤찬 연주회를 보여드리고 싶어요."

딸이 아기의 BCG 접종을 위해 병원에 있는 동안 캠브리지에 사는 미세스 전이 극장 홈페이지에 수시로 들어가서 취소 표가 있는지 확인했다. 같은 한국인이라는 것 외에 누군지도 모르는 이의 친정엄마를 위해. 정작 본인은 런던까지 가기가 너무 멀어서 포기하고 있던 공연이었다. 마침 취소 티켓이 한 장 떴다. 해서 그녀는 재빨리 딸에게 메세지를 보냈다. 그러나 딸은 아기의 예방접종 중이어서 메세지 확인을 하지 못했다. 미세스 전은 급한 마음에 서둘러 티켓을 구입하고 딸의 연락을 기다렸다. 뒤늦게 메세지를 확인한 딸이 감사하게 그 티켓을 받았다. 그래서 내가 임윤찬 연주회를 서울도 아닌 런던에서 볼 수 있었다.

"엄마 제일 뒷줄 끝자리인데 괜찮아?"

"난 기둥 뒤에서 들어도 좋아!"

딸이 캠브리지의 미세스 전에게 감사인사를 올리니 맘 카페의 많은 한국 맘들이 제 일처럼 기뻐하며 축하를 해주었다.

런던 시내에 있는 위그모어 홀은 150석 규모의 작은 클래식 전문 극장이었다. 1층 100석 2층 50석. 티켓에 적힌 2층 맨 끝 줄 가운데 자리에 앉았다. 조금 있으니 한국인인 듯한 40대 여성이 내 옆자리에 앉았다. 서로 한국인이라는 걸 알아보는 눈인사를 했다. 주위를 둘러 보니 한국인을 포함한 동양인이 반 외국인이 반이었다. 임윤찬의 국제적 명성을 직접 확인한 감격스러운 자리였다. 2층 맨 끝 줄이어도 극장이 작아서 임윤찬의 두 손이 선명하게 잘 보였다.

휴식시간에 나는 혹시나 하여 옆자리의 여성에게 물었다.

"혹시 미세스 전이세요?"

"제가 미세스 전인걸 어떻게 아세요?"

그녀가 깜짝 놀라 물었다.

"혹시 캠브리지에서 오셨어요?" 내가 다시 물으니 그녀는 "아뇨. 저는 런던에서 왔어요." 하고 대답했다. 나는 다짜고짜 성씨를 물은 것이 미안해서 내가 티켓을 구하게 된 경위를 이야기했다. 그녀는 웃으며 "저는 남편 성이 전 씨라서 미세스 전이라고 해요."하고 웃었다.

"사실은 취소 티켓이 두 장이 나와서 잠깐 망설였어요. 남편이 바빠서 저 혼자 와야 했는데 그래도 귀한 표라서 누구한테라도 선물할까

해서. 그러다 그냥 한 장만 샀거든요."

런던의 미세스 전이 티켓을 한 장만 산 덕에 나머지 티켓 한 장이 내 차지가 된 것이었다.

"티켓을 한 장만 사주셔서 고맙습니다. 덕분에 제가 임윤찬 연주를 런던에서 보네요." 그녀에게 한 번 더 감사인사 했다.

영국에 사는 한국 맘들의 끈끈한 연대가 낯선 나라에서 외롭게 출산과 육아를 하는 딸에게 친정엄마보다 나은 역할을 하고 있었다. 그런데 한국 친정엄마 하나를 임윤찬 연주회를 보여주겠다는 딸 같은 마음도 그곳에 있었다. 영국에 온 이유가 다 다르고 지역도 나이도 다 다른 대한의 딸들이 현명하고 지혜롭게 연대를 이루며 낯선 나라에서 씩씩하게 살아가고 있었다. 그래서 어린 손녀와 딸을 두고 서울로 돌아가야 하는 내 발걸음이 그렇게 무겁지만은 않았다. 캠브리지의 미세스 전과 런던의 미세스 전 영국의 한국 맘 카페 여러분 고맙습니다. 그대들을 위해 기도할게요. 모쪼록 강건하세요!

작은딸이 엄마를 기억하는 방법

  2013년 겨울 나는 갑자기 쓰러졌고 뇌질환 중환자실에 입원해 있었다. 취준생이던 작은딸이 병상을 지켰다. 퇴원 후 우울과 무기력으로 무장한 채 벌컥벌컥 화를 내던 나의 모습. 그때 본 가족들의 얼굴은 내가 본 모습 중에서 가장 슬픈 모습이었다.

  나의 56세 생일 아침이었다. 나는 여전히 무기력하게 누워있었다. 둘째가 출근하기 전에 들어와 머리맡에 선물과 봉투를 두고 나갔다. 나중에 보니 선물은 생일카드와 100가지 플랜을 적는 공책이었다. 누워만 있지 말고 플랜을 짜라는 뜻? 두툼한 생일 카드를 열어보니 60만 원이 들어있었다. 일반적으로 돈을 선물할 때에는 홀수로 하지 않나? 그런데 왜 60만 원일까. 둘째가 50만 원 셋째가 10만 원? 아니면 둘이서 반반? 그도 아니면 둘째가 40 셋째가 20?

  "너희 둘이 같이 한 거니?" 저녁에 퇴근한 둘째에게 물어보았다.

  "아니 나 혼자 한 거야. 막내는 학생인걸."

  "그럼 왜 60이야?"

"앞으로 다가올 엄마의 60을 위해 종자돈으로 쓰시라는 뜻이죠."
속 깊은 둘째 때문에라도 기운을 차려야 했다.

퇴원 후 재활치료를 하면서 모처럼 긴 휴식의 시간을 가지게 되었다. 덕분에 옷장의 옷들을 다시 입지 못할 만큼 살이 늘어나있었다. 작은딸은 휴일이 되면 그런 나를 운동시키려고 다양한 산책코스를 개발했다. 가깝게는 성북천이나 정릉, 북한산 둘레길을 걸었다. 새로 생긴 예쁜 카페, 박물관과 미술관도 돌았다. 회사에서 회식하고 알게 된 맛집에 데려가 맛있는 음식을 사주기도 했다.

부모님이 돌아가시고 나면 그리울 때 부모님의 얼굴은 기억이 나는데 음성은 기억이 나지 않는다고 한다. 그래서일까 딸아이가 자꾸 나의 동영상을 찍는다. 그럴 때면 살짝 기분이 좋지는 않지만 딸아이만의 엄마를 기억하는 방법이려니 하고 그 순간을 즐겁게 즐긴다. 먼 훗날 내가 이 세상을 떠나고 없을 때 그 짧은 동영상들은 내가 만들었던 조각보처럼 딸아이만의 기억 속에서 아름다운 조각보를 만들어 줄 것이다.

둘째 이야기

아이들 어릴 때 복도식 아파트에 살았다.

항상 문이 열려있는 우리집은 그 라인 아이들의 놀이터였다.

옆집에 사는 둘째 또래의 여자아이는 우리집에 오면 냉장고부터 열었다. 마치 제 집처럼.

그 집은 현미밥에 유기농식품만 먹는 집이었다.

그 아이는 열흘 굶은 아이처럼 식탐을 부렸다. 자기집에서는 못 보던 과자도 제 것처럼 봉지째 들고 다녔다.

그러면 아이들과 다툼이 났다. 서로 과자봉지를 차지하려고. 과자가 사방으로 흩어졌다.

둘째는 한발 물러서있다가 바닥에 흩어진 과자를 주워먹었다.

자기집이고 제 과자였지만 다툼에 끼지 않고 가만히 있다가 다른 아이들보다 과자를 제일 많이 먹는 실속파였다.

셋중에 둘째여서인지 침착하고 신중하면서 타인에 대한 배려심이 많았다. 그래서 성적과 상관없이 늘 반장선거에 나가면 몰표로 당선

되곤 했다.

중학교 1학년때였다. 학기 초 학부모 면담이 있었다.

번호순서대로 30분씩 상담시간이 정해졌다며 "저는 엄마가 안오셔도 된다고 하셨어요."하고 말했다.

그래도 부반장엄마인데 안 가볼 수 없었다.

둘째의 상담시간에 맞춰서 교실로 들어가서 담임선생님께 인사를 했다. 선생님 말씀이 둘째는 뭐든지 알아서 잘해서 손 갈 일이 없어서 정말 어머님이 안오셔도 되는 아이라고 했다.

매일매일 바쁘고 정신없는 엄마를 보며 너무 일찍 철이 난 것 같아 고마운 마음에 눈물이 났다.

고3때도 수학과외를 시켜줄까 했더니 과외하러 가는 시간이 아까워서 그냥 야간자율학습시간에 인강 열심히 듣겠다고 했다. 스스로 야자주의자라면서.

수시 9장 쓰고 다 떨어지고 정시로 좋은 대학에 갔다.

태어나서부터 이모할머니의 사랑을 듬뿍 받고 자라서인지 밝고 긍정적인 둘째는 타인에 대한 배려심도 많았고 삶에 늘 충만한 태도에 유머감각도 있는 아이였다.

자신의 인생에서 유일한 좌절은 수시 9장 쓰고 다 떨어진 경험뿐이라고 말하며 늘 웃기는 둘째 덕에 나도 순간순간 웃으며 시름을 잊었다.

심지가 굳은 둘째는 자신이 평생 하고 싶은 광고 일을, 가고 싶은 회사에 들어가 오늘도 성실하고 즐겁게 일하고 있다.

회사에 입사하면서부터 "엄마한테 드리는 돈은 아깝지 않다."며 용돈을 챙겨줄 땐 내가 무슨 복인가 싶어 감격스러웠다.

부모가 해주는 것에 비해 아이들이 주는 기쁨과 즐거움이 얼마나 큰지 둘째를 보면 늘 행복하다.

아들이 나를 기억하는 방법

해는 언제 그려요?

나의 삶은 고단했다. 늘 동동거렸고 돈 때문에 쩔쩔맸다. 그래서 형제들도 보지 않았다. 엄마의 집을 고스란히 가져간 둘째오빠. 엄마의 전 재산과 나의 재산을 털어간 막내오빠. 엄마에게 신세를 졌던 일가친척들 누구도 용서가 되지 않았다. 그러는 동안 엄마는 혼자 외롭게 돌아가셨다. 길을 걸으면 이유 모를 눈물이 발치에 툭 떨어졌다. 그래도 살아내야 하는 삶에 끌려 다녔다. 태엽 감긴 시계추처럼, 허깨비처럼 그냥 하루하루를 어쩔 수 없이 살았다.

어느 날 새벽. 보다 못한 남편이 무작정 어딘가를 데려갔다. 가는 내내 자다 눈을 떠보니 보성 녹차 밭이었다. 구름 한 점 없는 환한 봄이 거기 있었다. 차나무 여린 잎들이 고사리 손을 내밀며 반짝였다. 투명하리만치 맑은 하늘, 따스한 봄 햇살 아래 온기를 품은 바람이 불었다. 너른 차밭을 빙 둘러선 벚나무는 만개해 꽃눈이 흩날렸다.

온통 연두와 분홍 사이를 걷는 동안 얼었던 마음이 조금씩 녹았다.

집으로 돌아와 일상을 이어갔다. 나도 세 아이의 엄마라는 생각에 정신이 번쩍 났다. 내가 엄마의 부재라는 상실감에 정신을 차리지 못한 동안 자기들끼리 알아서 살아낸 아이들. 미안한 마음에 아이들 방을 정리했다. 부러진 연필들 치우지 않은 지우개 똥. 짜놓은 물감이 말라붙어 있는 팔레트. 물감 잔뜩 머금고 굳어진 붓들. 엄마의 손길이 멈추어 뒤죽박죽인 아이들의 책상. 팔레트와 붓을 물에 담가놓고 부러진 연필을 깎고 책상을 깨끗하게 걸레질했다.

청소를 다 한 후 따스한 햇살이 비쳐 든 마루 끝에 앉았다. 수돗가에 담가둔 팔레트와 붓이 보였다. 아이들이 쓰다 팽개쳐둔 스케치북에 얼마 전 갔다 온 녹차 밭을 그렸다. 하얀 도화지 삼분의 이를 차지하는 녹차 밭. 엄마처럼 두 팔 벌려 녹차 밭을 포근히 감싸고 있던 벚나무들. 그 사이로 걸었을 때 흩날리던 꽃비. 그리고 구름 한 점 없던 그날의 푸른 하늘. 녹차 밭의 따스한 봄기운이 다시 느껴졌다.

유치원에서 아들이 돌아왔다. 겨우내 안방에서 시름없이 누워만 있던 엄마가 일어나 앉은 것이 반가운 표정이었다. 아들은 마루 끝에 앉아 그림을 그리는 나에게 다가와 그림을 찬찬히 살펴보았다.

"지난번에 아빠랑 같이 갔었던 녹차밭이야. 엄마 그림 어때?"

엄마를 기억하는 방법

"음… 음… 음…"

아들은 무슨 말을 하려다가 망설이는 눈치였다.

"왜? 뭐가 이상해?"

"해는 언제 그려요?"

그러고 보니 유치원생들은 꼭 그림 한가운데 둥근 해를 그려 넣거나 한쪽 귀퉁이에 해를 1/4쪽 그려 넣거나 했다. 아들의 해맑은 질문이 귀여워서 나는 한참 소리 내어 웃었다. 얼마만에 웃어보는 걸까. 그동안 마음 써주지 못해 미안한 마음에 동그마니 떠오르는 아침 해처럼 따스한 아들을 꼭 안아주었다. 가슴에 안긴 아들이 오랜만에 듣는 내 웃음소리에 미소 지으며 다시 물었다.

"해는 언제 그려요?"

그러게, 해는 언제 그릴까?

그 당시로는 늦둥이였을 내 나이 37살에 낳은 막내 우리 아들은 누나들 사이에서 자라서 그럴까 참 다정하다. 함께 외출할 때에는 꼭 팔짱을 끼던지 손깍지를 끼고 걷는다. 태어난 순간부터 매일 기쁨을 주던 아이. 조르는 일도 없고 욕심도 없고 늘 싱글벙글 하루하루가 행복한 아이다.

아들이 회사를 그만두고 교수로 임용된 후 자기 자신에게 주는 선물로 필리핀 세부의 고래상어투어를 신청했다.

"엄마도 같이 가실래요?"

"좋지!"

그러고 보니 아들과 단 둘이 간 여행은 처음이었다.

고래상어투어에 딸들과 같이 온 엄마들은 많았는데 아들과 같이 온 엄마는 없었다. 아들이 옆에서 팔짱을 끼었고 뒤에서 세부 현지 가이드들이 얼마나 챙기든지 어딜 가나 든든했다.

아들이 결혼하면 그때부터는 자기 가족과 새로운 추억을 쌓아갈 것이다. 그전까지는 둘이서 잠수해서 꽃사슴처럼 온몸에 흰 점들이 가득한 예쁜 고래상어를 눈앞에서 바라보던 기억, 작은 물고기들이 생존 전략으로 고래만큼 큰 덩어리로 뭉쳐 다니던 정어리 떼 속으로의 유영, 깊은 바다 속 바닥을 기어 다니던 큰 거북이, 잠수를 마치고 해변에서 같이 먹던 피자 맛, 리조트 호텔에서 아침 먹고 수영, 점심 먹고 수영, 저녁 먹고 물속에서 반짝이는 별을 바라보며 이야기 나누던 그 밤공기. 아들도 엄마와 단둘이 갔던 세부의 기억을 오래 간직할 것이다.

우리 아이들이 엄마를 기억하는 방법

아이들이 "엄마! 티셔츠에 주머니가 없어서 불편해요." 하면 나는 조각보주머니를 만들어 티셔츠에 달아준다. 그 티셔츠를 좋아라 입고 다니는 아이들을 보면 조각보작가인 엄마를 인정해 주는 것 같아서 고마운 마음이 든다. 이것은 부모가 하는 일의 가치를 소중하게 여기는 '마음'으로 그들의 자식들에게 대물림될 것이다. 그 소중한 가치가 내가 이 세상에 온 이유이고 내 자식들이 나의 자식으로 태어난 이유일 것이다.

언젠가 내가 이 세상에서 사라졌을 때 내가 만들어준 '이 세상에 하나밖에 없는 조각보주머니가 달린 티셔츠'가 아이들 곁에 남게 될 것이다. 그리고 딸아이가 찍어둔 나의 짧은 동영상들이 작은 조각 천들이 모여 아름다운 무늬를 이룬 조각보처럼 아이들의 추억 속에 자리 잡을 것이다. 이것이 우리 아이들이 엄마를 기억하는 방법이다.

이야기 세엣

나를 키운 사람들

나의 이야기

들소(연출 윤호진)

1981년 실험극장의 연수가 막을 내리고, 동료들은 각자의 길로 흩어졌다. 나는 다시 창밖으로 흐르는 구름무늬만 바라보며 무료한 나날을 보내고 있었다. 그때, 운명의 전화벨이 울렸다. 대한민국연극제의 작품 《들소》의 의상 어시스턴트로 일하게 되었다는 소식이었다. 의상디자이너는 현재 시니어 유튜버로 인생의 새로운 장을 열어가고 있는 밀라논나 장명숙 선생님이었다.

우리는 함께 원단을 고르고 재단하며, 태곳적 신석기시대의 의상을 현대에 되살리는 마법 같은 작업에 몰두했다. 명랑하고 유쾌한 장 선생님의 유머에 나는 웃음을 멈출 수 없었다. 작업하는 내내 즐거웠다. 휴일이면 밖에서 장 선생님의 어린 아들이 아빠와 노는 소리가 들렸다. 그 풍경조차 아름다웠다.

이문열의 소설 〈들소〉가 무대의 언어로 재탄생하는 과정은 경이로웠다. 무대는 모계사회에서 부계사회로 넘어가는 과정을 그려내며 점차 소설 속 세계로 변모해 갔다. 연출가의 비전, 무대미술과 음향, 조명, 배우들의 열정이 한데 어우러져 무에서 유를 창조하는 그들의 단합된 힘은 마치 들소의 우렁찬 울음소리처럼 강렬하였다.

어두운 객석에 앉아 문학과 연극이 만나 빚어내는 예술의 경이로움을 느꼈다. 그것은 단순한 각색이 아닌, 한 편의 서사시가 무대 위에서 숨 쉬며 관객과 호흡하는 생생한 순간이었다. 이 경험은 내 안의 잠자던 창작의 열정을 일깨워주었고, 예술이 지닌 변화의 힘을 다시 한 번 느끼게 해 주었다. 그리고 그해 가을, 《들소》 재공연은 세종문화회관 별관에서 오롯이 나 혼자 해내었다. 내가 무언가 쓸모가 있는 사람이라는 생각이 들었고 이루 말할 수 없이 큰 성취감을 느꼈다.

한네의 승천(연출 손진책)

한국의 전통 연희를 현대적으로 재해석하는 민예극장과의 만남은 내 삶의 전환점이 되었다. 이곳에서 나는 한국적 정서가 깃든 뮤지컬 《한네의 승천》의 기획을 돕게 되었다. 국악의 선율이 흐르는 무대 위에서 주인공 한네의 애절한 목소리가 '한네의 슬픔'을 노래할 때 관객들의 마음은 감동으로 물들었다.

《한네의 승천》은 《들소》와는 또 다른 차원의 감동을 선사했다. 우리의 전통과 현대가 조화롭게 어우러진 이 작품은 마치 오래된 비단에 색동실로 수를 놓은 듯 서글프도록 아름다웠다. 그 당시 군 복무를 마친 한 청년이 기획 일을 돕기 위해 극장에 들어왔다. 그때는 미처 알지 못했지만, 그 청년이 훗날 내 인생의 동반자가 될 줄이야. 그와 함께 세 아이를 낳고 기르며, 각자가 자신의 길을 찾아가는 모습을 보며 종종 생각한다. 우리의 만남은 마치 오래전부터 예비된 일이 아니었을까. 인생이란 미로 같아서 우리는 앞날을 한 치도 알 수 없다. 하지만 돌이켜보면 모든 순간이 의미있게 연결되어 있음을 깨닫는다. 무대 위 '한네의 운명'처럼 우리의 삶도 때로는 슬픔과 기쁨이 교차하는 드라마다. 그리고 그 드라마에는 매 장면마다 우연을 가장한 필연이 숨어있다.

지금 우리 가족의 모습을 보면, 마치 잘 짜인 각본처럼 느껴진다. 아무런 접점 없이 만난 두 사람이 이렇게 깊은 인연을 맺고, 세 아이를 함께 키우며 각자의 재능을 꽃피우는 모습을 보면 경이롭기까지 하다. 이것이 바로 삶이 우리에게 선사하는 가장 아름다운 대본 없는 드라마가 아닐까. 그리고 나는 이 이야기의 주인공으로서 앞으로 펼쳐질 새로운 장들을 기대하며 오늘도 무대 뒤에 서있다.

MBC마당놀이

민예극장에서 《MBC마당놀이》를 맡아 공연을 진행하게 되었다. 제작은 방송국에서 하고 극단은 공연만 만들면 되는 프로그램이라 다들 마음 편하게 공연에 몰두했다. 출연자가 많고 1인 다역을 해야 하니 의상 벌 수가 많았다. 나는 자연스럽게 의상담당이 되었다. 서울 공연이 끝나고 전국 지방공연 순회를 앞두고 방송국 시스템과 다르게 순회공연 시스템을 만들었다. 그동안 방송국 의상담당은 매 공연마다 의상을 거두었다가 다음 날 다시 의상을 지급하는 방식을 사용하고 있었다. 그 방식은 지방 순회공연에서는 매우 번거롭고 비합리적인 일이었다.

나는 개인용 의상가방을 사달라고 요청했다. 수 십 명의 배우 각자가 본인의 의상을 챙기는 것이었다. 방송국 의상스텝들은 일거리가 현저히 줄어들었다. 배우들은 배우들대로 공연 때마다 의상을 기다리거나 찾으러 다닐 필요가 없고 의상이 바뀌는 염려를 하지 않아도 되었다. 오히려 공연 당일 호텔에서 미리 의상을 입고 분장까지 마치고 나면 개인시간이 많아져서 좋아했다. 지방공연까지 전부 끝나고 MBC 박수명 부장님의 호출이 있었다. 뜻밖에도 MBC 의상팀 스카우트 제의였다. 그러나 나는 그 제의를 거절했다.

그 당시 무슨 생각으로 그랬는지는 알 수 없으나 회사라는 조직 속으로 들어가는 일이 마음에 내키지 않았던 것 같다. 방송국에서 왜 불렀을까 궁금해 하며 사무실에서 내가 돌아오기를 기다리던 선배들의 표정을 지금도 잊을 수 없다. 아니 왜? 그 좋은 제안을! 남들은 들어가고 싶어도 들어가기 어려운 직장을? 나 말고 다른 이들이 나의 거절을 그렇게 아쉬워할 수 없었다. 난 왜 번번이 입사의 기회를 내

발로 걷어찬 것일까. 어쩌겠나, 성격이 팔자인걸.

그렇게 3년을 하고 나니 보였다. 주역을 제외한 군중 역할을 하는 배우들을 보면서 내가 있는 자리는 꼭 내가 하지 않아도 되는 자리였다는 것을. 내가 MBC직원들의 신임을 받는다는 것, 그리고 배우들보다 급여를 더 받는다는 사실이 시기의 대상이 되었다. 내가 꼭 하지 않아도 되도록 내가 만든 지방공연용 의상시스템은 내가 아닌 누가 해도 원활하게 진행되는 시스템이었으므로 나는 일을 그만두었다. 언제나 마음 불편한 일을 못 견디는 나는 돈보다는 뱃속 편한 길을 택했다.

어린 시절 내가 홍은동 달동네를 구석구석 누비면서 알아낸 사실은 길은 어디에나 있고 다 연결되어 있다는 것이었다. 물론 가끔은 막다른 골목도 만났지만 그럴 때는 되돌아 나와 새로운 길을 탐색하면 되는 것이었다. 인생도 그렇다고 믿었다. 새로운 길이 열릴 것이다.

서울오페라앙상블

연극과 오페라연출을 하는 남편은 몸이 열두 개라도 모자랄 판이었다. 그런 그가 오페라단을 만들어야 겠다고 했다. 많은 책임과 투자가 필요한 오페라단을 왜 만들어야 할까? 연출의뢰를 하는 오페라단이 원하는 방식이 아닌, 본인이 하고 싶은 작품을 하려면 오페라단이 있어야 한다는 말에 설득당했다. 나는 그가 끝으로 메주를 쑨다고 해도 믿는 사람이다.

창단공연은 프랑스오페라, 드뷔시의《펠레아스와 멜리장드》였다. 이탈리아 오페라만 편식 중인 한국 오페라 계에 새로운 작품을 올린다는 신호탄. 1994년 여름이었다. 그해 봄 나는 셋째를 낳았고 그는 서울오페라앙상블을 낳았다.

무대공연은 외부 여건에 매우 민감하다. 날씨라든가 정치적 이유라든가가 관객들의 심리에 영향을 크게 주기 때문이다. 특히 오페라처럼 제작비가 많이 드는 공연은 정치적 이슈에 민감할 수밖에 없다. 무대 밖은 연일 시위 중이었다. 그리고 이른바 노태우의 6.29 선언이 있었다. 늦장마에 비는 연일 내렸다. 우리가 예상했던 마이너스의 한계를 훨씬 넘고 있었다. 까짓거, 해보자. 연일 내리는 장맛비 속에서 나까지 구겨져 있어 봤자 해결될 일은 아무것도 없고 아무도 대신해주지 않는다. 어차피 닥칠 파도라면 멋지게 파도타기를 해보자.

서울오페라앙상블은 우리 아들과 나이가 같다. 우리 아들이 자라는 만큼 서울오페라앙상블도 자랐다. 자신이 하고 싶은 작품을, 하고 싶은 방식으로 하는 그는 열심이었고 만족해했다. 나는 나의 아들이 만족스럽고 감사했다. 사립초등학교를 보내고 피아노와 바이올린 레슨을 시키던 딸들에 비해 따로 신경도 못쓰고 방목한 아들에게 미안한 마음이 컸다. 그럼에도 아들은 내겐 엔도르핀 그 자체인 보석이었다. 그 아이 덕분에 내가 숨을 쉬었고 견디었다.

커피가 있는 작업실

1985년 대학로 문예회관에 가는 길이었다. 극단생활 3년을 지나고 있었다. 공연을 올리는 일이 어느새 타성에 젖었다. 주역은 늘 주역만 하고 마을사람들은 늘 마을사람들을 했다. 어쩔 수 없는 일이었다. 영세한 극단의 살림살이로 무명의 신인배우를 주역으로 내세울 수는 없었다. 그럼에도 내 눈에는 무명배우들만 보였다. 그들의 그늘져 어두운 표정. 그들의 한숨 소리만 들렸다. 내가 맡은 기획, 조연출 일도 마찬가지였다. 꼭 내가 하지 않아도 되는 누구나 할 수 있는 일. 연극연출가의 길은 까마득해 앞이 안 보였다.

혜화동 로터리에서 이화동 쪽으로 걸어 내려오다가 바로크레코드를 지나면 골목이 나온다. 자주 시동호회 모임을 했던 화랑카페 여백 골목 끝까지 들어가 보았다. 골목이 꺾인 면에 위치한 빈약한 유리 새시 문이 있는 공간이 보였다. 부동산을 찾아가 그 공간을 얻고 싶다고 집주인에게 말을 건네 달라고 부탁했다. 며칠 뒤 집주인을 만나 보증금 2백만 원에 월세 12만 원에 2년 계약을 했다. 내 능력에 딱 알

맞은 4평짜리 작은 공간. 우리가 모임을 했던 원남동 카페 〈시랑〉에서의 경험이 용기를 주었다. 시 합평을 위해 여러 곳을 돌아다니지 않아도 되고 내 맘대로 해도 되는 나만의 공간.

극단에 손재주가 많은 선배연출가가 있었다. 내게 "층층시하 연출가 그룹에서 나한테 까지 연출의 기회가 오기는 힘들 거"라고 기획이나 의상으로 바꾸는 게 어떻겠냐고 진지하게 충고를 해준 유일한 선배였다. 그 선배에게 공간을 보여주면서 인테리어를 도와달라고 부탁했다. 선배와 나는 신이 나서 열심히 인테리어를 했다. 선배가 합판을 사다가 벽체를 만들고 원목으로는 테이블과 스툴까지 직접 만들었다.

주인집 마당으로 향한 쪽문은 반으로 막아서 유리를 끼우고 유리 선반을 달았다. 마당의 초록빛이 배경인 아름다운 카페 풍경. 6인조 꽃무늬 영국 풍 커피 잔을 샀다. 커피메이커도 샀다. 원두커피를 내릴 생각이었다. 회사에 다니던 친구 옥경이가 자기네 회사의 접대용 레몬차 비법을 전수해 주었다. 예쁜 유리병을 사다가 레몬차도 담갔다. 레몬차용 투명 유리잔 6인 세트도 샀다. 물 잔 10개 주스 잔 열 개 찻잔 12개가 전부인 카페.

상호를 정해야 했다. 대학로는 하루가 다르게 단독주택이 레스토랑 카페로 변하는 중이었다. 며칠 동안 마땅한 상호를 생각하느라 끙끙거렸다. 그러다가 번뜩 생각난 이름 〈커피가 있는 작업실〉.

누구나 마음속으로는 나만의 작업실이 갖고 싶었던 시절이었다. 더군다나 대학로에 있는 작업실이라니. 낮시간에는 작은 사무실조차 없는 극단의 배우들이 와서 대본을 읽었다. 시랑 동호회들도 언제든지 모일 수 있었다. 냉동건조 커피가 대세인 시절 원두커피의 향이 풍기고 맑은 레몬차가 반겨주는, 창밖 뒷마당이 있는 소박하고 예쁜 카페. 마음이 있는 곳에 길이 있다. 꿈을 꾸어야 그 꿈을 이룰 수 있다는 지극히 상식적인 글들이 눈앞에 펼쳐진 추억 속의 〈커피가 있는 작업실〉.

혜화동 성당에서 혼배성사를 하고 흥사단에서 결혼식을 올렸다. 그리고 첫째가 찾아왔다. 그 당시 매일 들리던 강제해직기자 출신인 윤 선생이 간절하게 인수를 원했다. 구석구석 손때 묻은 〈커피가 있는 작업실〉과 그렇게 헤어졌다.

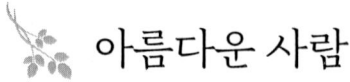 아름다운 사람

〈커피가 있는 작업실〉은 대학로에서 나름 유명해졌다. 크기가 작으니 만만하기도 했을 것이고 응원의 의미도 있었다. 어느 날 남자 여럿이 들어왔다. 그들은 문 가까운 쪽에 등을 돌리고 앉은 이를 중심으로 자리를 잡았다. 넓은 등판만 보인 그 분은 김민기 선생이었다. 경기도 연천에서 농사를 짓다가 서울에 올라오면 그렇게 여럿이 들렸다. 정부를 향해 쓴 소리가 전문인 분이라서 늘 쫓기는 사람처럼 보였다. 농사일로 다부진 등판을 가진 선생은 넓은 들판처럼 넉넉해 보였다.

단골로 드나들던 문학청년들이 있었다. 그들이 카페에 들어오다 단체석에서 이야기를 나누고 있던 김민기 선생을 발견했다. 그들은 입을 다물지 못했다.

"그 유명한 …."

말 끝을 못 맺었다. 이야기 중간에 뒤돌아보던 선생이 그들을 보면서 미소 지었다.

"이름없는 사람도 있습니까?"

"그 노래 부르는….."

그들은 역시 말을 맺지 못했다.

"노래 안 부르고 사는 사람도 있습니까?"

선생 나름 썰렁한 유머였다.

평소에 길을 가다가 연극하는 후배를 만나면 주머니를 뒤져 가지고 있는 돈을 전부 주었다는 전설의 그. 세월이 흘러 김민기 선생은 대학로에 극장을 열었다. 소극장 학전. 김민기 선생은 주위에 후원자가 많았다. 대학로에 극장이 두 개가 되었다. 소신 있는 작품 선정과 공평한 운영방식으로 탄탄한 극장이 되었다.

2024년 하늘의 별이 된 선생님. 많은 이들이 우리나라처럼 격동적이고 서로 갈라져 싸우고 눈치 빠르게 이해타산을 따지며 이합집산하는 삶을 살았다. 그 동안 소신을 지키며 자신이 하고자 하는 일을 끝까지 관철시키는 삶을 산 분. 늦은 저녁 학림다방에 가면 아무 말 없이 혼자 맥주를 마시던. 학림다방이 문 닫을 시간이 되면 마시던 맥주병을 들고 택시를 타러 내려가던 선생님의 뒷모습은 우리나라가 아직도 갈 길이 멀다는 것을 말하고 있었다. 무엇이 선생님을 끝까지 괴롭게 했는지.

시대를 온 몸으로 증언하고 아름답고 슬프고 날카로운 노래들을 남기고 수많은 배우들을 배출해 내고도 여전히 만족스럽지 못한 얼굴의 선생님의 사무실 이름은 '맑음'이었다. 이 시대에서 유일하게 겉과 속이 같았던 아름다운 사람 김민기. 이제 선생님에게는 맑음만 남아서 그곳에서 평안에 이르셨기를 빈다.

카페 두레

아이가 어느 정도 크자 활동을 하고 싶었다. 마침 미국생활을 청산하고 한국에서 정착하고 싶은 강 박사를 소개받았다. 미국에서의 외로운 삶을 연극으로 풀며 살던 강 박사는 이재에 밝았고 이왕이면 카페 떼아트르를 하고 싶어 했다. 그 지점이 우리와 맞았다. 성대 건너편 2층 다방을 찾아서 계약했다. 크기가 50평쯤 되어 작은 무대를 만들 수 있었다. 그러나 그쪽에서 해약을 원했다. 나는 차라리 잘되었다고 생각했다. 누군가와의 동업은 쉬운 일이 아니고 나보다 나이가 많은 분과의 동업은 더 힘들 것이 불 보듯 뻔한 일이었기 때문이다. 그 점은 지금도 강박사에게 미안한 마음이 있다.

다시 대학로 구석구석을 뒤져 35평짜리 한옥을 찾아냈다. 사진작가 김영수 선생님의 소개로 이대 앞 카페 시나위 김기원 사장이 인테리어를 해주었다. 일제강점기에 태백산 소나무를 베어 학교를 지었다. 그 폐교에서 나온 폐목으로 만든 공간은 육중하고 멋스러웠다. 처음의 시작은 카페 떼아트르였다. 개업 첫날 오프닝 공연을 해보니 작은 무대를 빼고 나면 죽도 밥도 아니게 생겨서 카페로만 운영했다. <커피가 있는 작업실> 운영경험이 도움이 되었다.

대학로에서 '두레'라는 이름으로는 다들 망한다고 한 마디씩 했다. <마리> <장밋빛 인생> <마리오네트>. 간판들이 영어이름에서 불어로 바뀌고 있었다. 카페 <두레>로 버텼다. 처음에는 경양식으로 시작했다. 그런데 점심시간에만 파는 수제비와 김치볶음밥이 훨씬 반응이 좋았다. 양식 남자 주방장보다 언니처럼 챙겨주는 주방아주머니가 훨씬 마음 편하고 좋았다. 그래서 양식을 빼고 수제비와 김치볶음밥에 주력했다. 매년 직접 담은 모과차와 레몬차 그리고 수제비 전문 '카페 두레'를 23년 운영했다.

내가 <두레>를 처음 시작할 때 전혀 생각지 못한 손님들이 있었다. 흰 와이셔츠 차림의 그들의 정체가 궁금했다. 나중에 알고 보니 대부분 서울대병원 직원들이었다. 의대생, 의사, 간호사, 행정직 직원들. 내가 특별히 친절하지는 않았지만 한결같은 마음으로 최선을 다했다. 구석자리에서 잠깐씩 졸다 가기도 했던 의대생이 어엿한 의사가 되었다. 첫째를 낳고 영업을 시작한 나는 그사이 아이를 둘이나 더 낳았다. 단골손님과 밥집 아줌마가 힘든 세월을 서로 지켜보며 성장했다.

그리고 나중에 내가 뇌경색으로 쓰러졌을 때 나를 살린 고마운 서울대병원 신경과 이승훈 선생님도 두레의 단골이었다. 진정한 의료인들이 모여 있는 곳. 정말 훌륭한 분들을 많이 만났다. 특히 소아백혈병 전문 신희영 선생님, 산과 전종관 선생님. 지켜보는 것만으로도 뿌듯하고 행복한 아름다운 분들이었다.

  안정적인 가게는 우리에게 많은 것을 주었다. 집도 사고 아이들 교육도 시키고 대학로에서 공연 때는 극장에 밥도 해 나를 수 있었다. 참 고마운 두레는 대학로의 변천사와 함께 두 군데로 이전했고 내가 발병 후 접었다. 두레를 접은 것은 후회가 안 되는데 말없이 응원해 주던 단골손님들에게 미안하고 그들의 근황이 궁금하다. 이렇게나마 "두레아줌마 잘 살고 있어요." 하고 말하고 싶다.

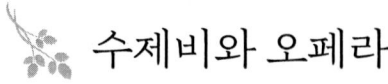 수제비와 오페라

　케이블 티브이 시대가 오고 있었다. 케이블 티브이 A&C 코오롱에서 촬영을 나왔다. 수제비 팔아서 오페라 제작하는 스토리였다. 수제비라는 서민음식과 오페라라는 고급공연문화의 부조화적 조화. 그 의도가 흥미로웠다. 주방장이 있었지만 내가 직접 수제비를 만들기를 원했다. 지나고 보니 30대 중반의 모습이 담긴 그 시절을 웃으면서 추억할 수 있어 감사하다.
　대학로에서 밥집을 운영하는 장점이 대학로에 있는 극장에서 장기 공연을 했을 때 극장으로 밥을 해 나를 수 있다는 것이었다. 그 일이 가능했던 이유는 함께 일하는 직원들이 그런 일들을 재미있는 이벤트로 생각해 주었기 때문이었다. 주방에서는 카페의 주 메뉴와 달리 매일 반찬을 바꿔가며 음식을 하는 일을 흔쾌히 해주었고 서빙하는 직원들은 그 무거운 음식들을 극장까지 나르는 일을 즐거워하였다.
　그런 직원들의 마음을 믿고 나는 둘째와 셋째를 낳을 수 있었다. 모든 일이 나 혼자의 힘이 아니라 많은 사람들의 응원이 필요한 일이었다. 그때 카페 두레와 소중한 시간을 함께 보낸 많은 분들께도 이 글을 빌어 고맙다는 말을 전하고 싶다.

 준사임당

독서동아리에서 알게 되어 나를 마을 강사로 이끈 분이 길음 뉴타운에 있는 어린이재활병원 환우 엄마들에게 바느질을 가르쳐줄 수 있는지 조심스레 물었다. "내가 가진 것이라고는 실과 바늘뿐이라오." 그들에게 양말 인형을 가르칠 수는 없었고 보다 전문적인 무언가를 가르치고 싶었다. 퇴원 후 다시 바느질을 할 수 있을까 엄두를 못 내었었는데 직접 바느질은 못해도 가르치는 것은 할 것 같았다. 내가 꼭 배우고 싶어서 오래 배웠던 조각보의 쓸모가 제자리를 찾는 순간이었다.

태어날 때부터 중증장애를 가지고 태어난 아이들의 재활을 위해 많은 시간 병원 지하 카페에서 앉아있던 엄마들 10명이 시작했다. 다들 얼마나 색감이 뛰어나고 바느질 솜씨가 좋은지 완성도 높은 조각보를 만들어내었다. 그들을 위해 나는 다양한 방법으로 전시회를 열 기회를 찾아다녔다. 나 자신을 위해서는 생각도 못한 일이었지만 그들을 위한 일이니 발 벗고 나섰다. 단체전을 준비하려니 이름도 필요했다. 준재활병원의 '준'에 '사임당'을 붙여 〈준사임당〉인 작가그룹 탄생.

엄마가 아픈 아기를 위해 24시간을 오롯이 매달려있는 동안 비장애 자녀들은 가능하면 엄마를 귀찮게 하지 않고 조용히 혼자 자랐다. 그러다가 엄마가 바느질을 하면서 웃으니 아이들도 같이 웃었다. 바느질이 주는 장점은 바느질하는 동안 몰입해서 잡념이 없어지는 것이다. 그런데다 완성하고 나면 색색의 아름다운 원단들이 반짝이는 아름다운 조각보가 절로 미소를 가져온다. 그리고 그들이 만든 조각보들은 그들의 감동스러운 스토리 덕분에 전시회 기간 중에 잘 팔렸다.

제 손으로 만든 작품 팔리는 것을 본 엄마들의 얼굴에 환한 미소가 어렸다. "선생님 다른 학부모들에게 제가 번 돈으로 커피를 샀어요." 그 미소가 나를 더 열심히 가르치게 만들었다. 작은 스케치북에 정리해 두었던 조각보 강의 자료가 차곡차곡 그들에게 건너가고 있었다. 병원에서 4층 옥상의 작은 방을 내주었다. 그리고 직원용, 선물용 조각보를 주문했다. 조각보의 가치를 알아봐 주고 〈준사임당〉에게 힘을 불어넣어 주는 병원장님이 고마웠다.

그러는 동안 8회를 넘어서 16회 차 강의 자료가 만들어졌고 초중고급반과 작가반 강의를 짰다. 그 강의 자료는 서울시 50 플러스 센터[2]

---

2 중장년층(만 40~64세)을 위한 생애전환 및 인생이모작을 지원하는 기관

여러 곳에서 강의를 할 수 있는 길잡이가 되었고 코로나 기간 동안은 줌으로까지 강의를 하였다. 내가 그들에게 도움을 준 것이 아니라 그들이 나를 성장시킨 것이다. 서양 조각보인 퀼트가 더 익숙한 시대에 한국 고유의 전통조각보의 가치가 그렇게 자기 자리를 잡아가고 있었다. 준사임당에게나 나에게나 한쪽 문이 닫히면 다른 문이 열린다는 말이 진리처럼 다가왔다.

오키 회장과 조각보

오키 회장은 일본에서 외식 프랜차이즈로 돈을 번 사업가다. 그는 일본에서는 드물게 가톨릭 신자였고 우리나라 라자로 마을을 도왔다. 그리고 한국 음악가들을 후원했다. 한국 음악가들은 다시 라자로 마을을 도왔다. 남편이 한국 재일가톨릭성인의 이야기인 창작오페라 〈오타 줄리아의 순교〉를 연출한 계기로 오키 회장은 우리에게도 애정을 가지고 도왔다. 일본 동경 NHK홀에서 이탈리아 스칼라극장 초청공연 베르디의 레퀴엠을 공연하는데 우리 부부를 초대했다.

NHK 홀에 도착하니 정장차림을 한 관객들이 객석을 가득 메웠다. 레퀴엠 연주가 시작되고 식곤증에 잠이 솔솔 와서 급기야 꾸벅꾸벅 졸았다. 공연 끝나고 나오면서 오키 회장 보기가 민망했다. 오키 회장은 좋은 오케스트라 반주에 맞춰 자는 것은 행복한 일이라고 말하며 웃었다. 다음부터는 공연 전에 많이 먹지 말아야지 다짐한 순간이었다.

오키 회장이 한국에 올 때마다 조각보를 구입한다는 이야기를 들고 내 나름 창작 조각보를 만들었다. 모시조각들을 배열하고 한 땀 한 땀 꿰맨 다음 가장자리까지 마무리한 후 다림 풀을 뿌리고 다렸더니 처음 한 솜씨 치고는 제법 아름다웠다. 색한지에 곱게 말아 포장을 하고 마 끈으로 묶어서 오키 회장에게 선물했다. 내가 나중에 정식으로 조각보를 배우고 나니 그때 그 조각보의 바느질이 얼마나 엉터리였는지 얼굴이 화끈해졌다.

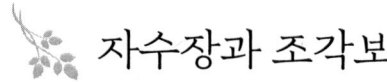 ## 자수장과 조각보

  서울시경 앞에 대한주부클럽연합회가 있었다. 그곳에서 자수장 주양자 선생님을 초청해서 조각보 강좌를 열었다. 나는 잘 알지도 못하면서 엉터리로 조각보를 만들어 선물한 기억이 부끄러워서 제대로 된 조각보를 배우고 싶었다. 일주일에 한 번 선생님을 만나 바느질을 하는 시간은 온전히 내가 나에게 선물하는 시간이었다.

  바느질의 장점은 그 순간 몰입에 있다. 잠깐 다른 생각을 하다보면 바느질이 비뚤어진다. 그렇기 때문에 해야 할 바느질에 올곧이 몰두할 수밖에 없다. 그 순간 잡념이 사라지고 평상심이 찾아온다. 그리고 바느질한 만큼의 결과가 아름답고 만족스러워서 절로 미소가 따라온다. 손으로 하는 모든 작업은 같을 것이다.

  모든 강좌가 끝나고 선생님에게 계속 배우고 싶었다. 선생님 댁은 군포였다. 군포가 너무 멀어 선생님과 과천어린이대공원에서 만나 여름 내 바느질을 했다. 밝은 햇볕 아래 하는 바느질은 피곤하지 않았다. 숲 속에서 불어오는 바람에 더위를 느낄 수 없었고 저녁 무렵

해가 질 녘에는 차들이 빠져나간 공원주차장에 돗자리를 깔면 낮 동안 달구어졌던 아스팔트가 엉덩이를 따뜻하게 해 주었다. 밝은 햇살, 선선한 바람, 아랫목 같았던 주차장 아스팔트. 그때 열심히 만든 조각보들로 미국에서 첫 개인전을 열었다.

  누가 시킨 것도 아니고 좋아서 시작한 조각보지만 때로는 지겹고 힘겨워서 그만두고 싶었다. 그래서 전시는 한 번 하고 접어야지 하는 마음이었다. 전시를 하고 나니 큰 산 하나를 넘은 것 같았다. 다시 바늘을 잡았다.

디자인공모전

 매년 DDP디자인재단에서 공예디자이너와 업체를 매칭하는 공모전이 열렸다. 그 공모전에 선정되어 다양한 업체들과 협업을 시도했다. 선정된 작품들은 DDP에서 전시도 했다. 그런 경험들은 내가 새로운 무언가를 시도할 때 과감한 선택을 할 수 있도록 도왔다. 평소해오던 일들이 아닌 새로운 시도를 할 수 있는 기회가 감사했다. 60살이 넘어서도 무언가에 도전할 수 있고 나이와 상관없이 좋은 디자인은 새로운 기회를 가져온다는 사실이 행복했다.
 코로나 때문에 세상이 멈춰버린 듯했다. 매서운 겨울을 맞아 땅속에 움츠려 있는 개구리처럼 무기력해 있을 때 온라인 디자인 공모전이 여기저기서 열렸다. 어느 공모전에서 양단 양면 조각보 보자기로 대상을 탔다. 자동차 굿즈 공모전에서는 자동차 가죽시트 조각으로 만든 조각보 쿠션으로 우수상을 탔다. 50 플러스에서는 줌으로 웰다잉과 조각보 강의를 했다.
 세상이 다 멈추어 선 것 같을 때도 두터운 얼음장 아래에는 졸졸 시냇물이 흐르듯이 누군가는 새로운 꿈을 꾼다. 그런 경험들이 나이가 드는 일의 두려움을 사라지게 한다. 그래서 70을 바라보는 나는 오늘도 새로운 꿈을 꾼다. 꿈은 꿈을 꾸는 자만이 이룰 수 있다. 이룰 수 없다 해도 꿈을 꾸는 동안은 행복을 가져다주니 억울할 일은 아니다. 이제부터는 조각보 작품의 격을 한 단계 높이는 일에 몰두할 생각이다. 이런 생각은 '시작했으니 아름다운 마무리를 하고 싶다'는 열망의 표현이다. 누가 알아주지 않아도 나 스스로 성장의 계기를 만드는 일. 그래서 바느질도 하고 글도 쓰는 것이다. 내가 글을 쓸 생각을 할 줄 몰랐다. 나의 미래가 어떤 모습으로 다가올지 설레는 마음으로 내일을 기다린다.

이야기 네엣

육아특급비법

우리의 보석 짱누 짱미 짱부

아이들이 놀이터에서 놀고 있으면 나는 짱누! 짱미! 짱부! 하고 애칭을 부른다. 아이들은 놀다 말고 엄마! 하고 달려온다. 이 세상에서 제일 행복한 순간이다.

첫째의 출산을 앞둔 1986년에 소련 체르노빌에서 원전사고가 있었다. 우리나라까지 낙진이 올 것인지 아닌지가 뉴스의 중요한 이슈였다. 이렇게 불안하고 힘든 세상에 아기를 낳는 일이 과연 잘한 일일까 두려움이 엄습했다. 다행히도 낙진은 북유럽 쪽으로 갔다. 아기는 건강하게 태어났다.

아기를 낳기 전 우리가 가지고 있던 이름이 있었다. '부루' 영어로 BURU. 우리가 공연작품을 해외로 가져갈 때 쓸 단체이름이었다. 부루는 '해'란 뜻으로 어원은 '불'이다. 옛날사람들 눈에 해는 불덩이로 보였을 테니까.

그 당시에는 보통 여자들이 임신을 하면 당연히 아들이라고 생각한다고 한다. 그러다가 출산이 다가오면 딸도 괜찮지 하다가 진통이 시작되어 세상이 거꾸로 도는 것 같아지면 '딸이든 아들이든 빨리 나오기만 해 다오' 한다고. 나도 당연히 아들인 줄 알고 출산 후 아기의 성별을 묻지도 않았다.

  남편의 생각은 시댁이 월남가족이라서 남한에서 새로운 역사를 쓰고 싶다고 한글이름으로 짓고 싶다 했다. 딸에게 '부루'라는 이름은 어울리지 않아서 '누리'라고 지었다. 딸이 큰 세상에 큰 인물로 크기를 바라는 마음이었다. 둘째를 낳았을 때 또 딸이었다. 용을 뜻하는 '미루'라고 지었다. "딸 이름으로 용이라는 뜻은 너무 세지 않아?" 하고 형님이 물었다. 형님 미루 백말띠거든요.

  육아는 36개월까지가 제일 중요하다고 한다. 그래서 첫째를 낳고 3년을 고스란히 육아에 힘을 쏟았다. 엄마가 된다는 것은 오직 나만을 바라보며 울고 웃는 아기를 위해 온전히 24시간을 쏟아 부어야 한다는 뜻이다. 그 모성애가 나는 없었다. 그 상황이 못 견디게 힘들었다. 아기를 낳았다고 모성애가 절로 생기지는 않았고 육아 의무만 남은 나의 인생. 도저히 끝날 것 같지 않은 시간. 지금도 그 시절을 생각하면 아기에게 미안한 마음이 든다. 조금 더 적극적으로 아끼고 사랑했어야 하는 존재. 의무감에 웃음도 사라진 하루하루를 마지못해 해내야 했던 엄마라는 이름의 나날들.

아기가 만 세 살이 지나자 종일반을 운영하는 유치원을 찾았다. 방송통신대학교 뒤에 있는 경기재능유치원. 그 유치원을 찾은 것은 신의 한 수였다. 아기가 배워야 할 모든 것을 체계적으로 흔들림 없이 가르치는 곳. <나는 내가 알아야 할 모든 것을 유치원에서 배웠다>는 책이 있었다. 그 책 제목처럼 유치원의 시기는 매우 중요한 시절이었다. 지금처럼 유치원에서도 의대를 가기 위한 계획표를 세우는 일이 아닌 참 시민을 기르는 일 말이다.

돌이켜 보니 내가 아이들을 키우면서 다른 엄마들처럼 부지런하지도 열심히 입시정보를 찾으러 다니지도 않았다. 그래서 곰곰이 생각해 보니 잘한 것이 딱 두 가지 있었다. 바로 머리 쓰다듬어 주기와 칭찬하기. 이 두 가지가 다했다. 그다음 공부든 재능이든 뭐든 자기 스스로 해야 할 일이었다.

2024년 1월 카톡 창에 불이 났다. 지인들이 '게임하다 학생에게 들킨 교수'라는 글을 옮겨다 주고 있었다. 어떤 교수가 학생들이 하는 게임에서 같이 게임을 한 거지? 게임 창을 찍은 사진 속의 글을 잘 읽어보니 우리 아들이네? 댓글들을 찬찬히 읽어보았다. 다행히 악플은 없었다. 아마도 자기들과 나이 차이가 많이 나지 않는 교수를 게임 공간에서 만난 그 자체를 신기하고 친근하게 생각하는 것 같았다.
서강대 최연소 교수(현 고려대) 인공지능학과 장 교수 이야기다.

며칠 뒤에 제자한테서 카톡이 왔다.

"혹시 선생님 아드님 아닌가요?"

'아니 이건 또 뭐지?'

"제 친구가 작업실 찾느라 사이트를 뒤지다 발견했대요."

자취남이라고 하는 유튜버 사이트였다. 요즘은 웬만하면 자취를 하기 때문에 청년들에게 인기 있는 프로그램이라고 했다. 학교 근처에 사는 교수의 자취방을 볼 수 있으니 그 또한 신기하고 친근하게 생각하는 댓글들이 많았다. 그래도 그렇지. 이 녀석이 제 인생에서 처음으로 집을 떠나 학교 근처에 원룸을 얻어 나간 지 얼마나 되었다고!

시대가 변했다. 예전 같으면 상상할 수 없는 일들이 벌어지고 있다. 그래도 그렇지, 교수가 실명으로 게임을 하다니! "오래전부터 게임에 실명을 사용하고 있어서 의식을 못했어요." 우리 아들의 변명이다.

사람들이 물었다. "비결이 무언가요?" 무비결이 비결이라면 돌 맞을까요?

전국의 학부모들이 오로지 대학입시를 목표로 시간과 돈을 들여가면서 노심초사하는 것이 대한민국의 교육 현실이다. 그런데 나와 같은 교육관을 가지고 주위의 의견에 휘둘리지 않고 자신의 방법을 고수하는 부모들을 간혹 만난다. 아이들을 지켜보면서 아이 스스로 앞으로 나아갈 수 있도록 꿋꿋하게 의지를 관철하는 부모들을. 그들의 자녀들 또한 사회의 잣대로 보면 성공적인 결과를 얻었고 누구보다 행복하게 자신의 삶을 살아가고 있다.

그분들이 선택한 방법이 옳았다고 내가 그 샘플이라고 말하려고 이 글을 쓴다.

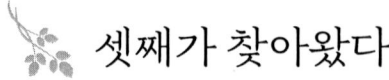 ## 셋째가 찾아왔다

    1990년대는 산아제한으로 '둘만 낳아 잘 기르자'를 넘어서서 '잘 키운 딸 하나 열 아들 안 부럽다'는 구호로 넘어가던 시기였다. 그런데 나는 이미 딸이 둘이나 있었다. 그리고 오페라공연을 제작하고 연출하는 남편은 오로지 좋은 오페라공연을 하고 싶은 열망만 가득한 사람이었다. 셋째가 찾아온 이야기를 하니 그는 "나는 21세기를 살아갈 예술가니 딸 둘만 잘 기르고 싶다."라고 말했다. 그 말이 참 섭섭했다.

    나는 점점 더 커지는 배를 토닥이며 '그래. 너는 내가 끝까지 보호한다.' 다짐했다. 남편에게 섭섭한 마음을 접어두고 아기를 낳는 날까지 혼자 하루하루를 견뎠다. 셋째부터는 건강보험도 적용되지 않았던 시절이었다.

    사실 셋째를 낳은 일등공신은 육아도우미인 이모할머니다. 첫아이 때는 육아를 도와줄 사람을 구하기가 어려워서 아이를 이 집 저 집 맡기면서 눈물도 많이 흘렸다. 그래서 둘째 때부터 육아도우미를 들였다. 둘째가 어느 정도 크고 나니 할머니가 자꾸 구시렁거리는 것이었다. 어느 날 무슨 말을 구시렁거리나 잘 들어보니 왜 셋째를 안 가지냐는 것. 둘째 낳은 지 얼마나 되었다고 또 아기를 낳느냐고 그리고 누가 키우느냐고 했더니 이모할머니가 키워주겠다고 낳으라는 것이었다.

    요즘은 결혼해도 아기를 낳는 일은 선택이고 아기를 잘 기르기 힘든 세상이라서 아기를 하나만 낳는 집이 많다. 그런데 아기를 둘 이상 낳아본 분들은 안다. 부모도 처음이라 서툴렀던 첫째 키우기보다 둘째는 좀 더 수월하면서 그 존재만으로도 충분히 예쁘다는 것을. 그러니 셋째는 얼마나 더 예쁘겠는가. 아이가 태어나 백일 때까지 매일매일 예뻐진다. 그 모습을 똑바로 못 쳐다보는 남편의 태도도 우습고 무럭무럭 자라는 아기의 모습에 나는 많은 시름을 잊었다. 나의 엔도르핀.

    셋째가 찾아왔을 때 나의 멘토인 현숙언니에게 전화를 걸었다.
"언니 어떻게 해?"
"어떻게 하기는 뭘 어떻게 해. 낳아야지."
"내가 둘째 낳고 이제 배부른 거 면했는데 또 배불러 다녀야 하잖아."
"열 달만 참으면 되는 일을 왜 못해?"

열 달 만 참으면 새 생명이 우리에게 온다는 그 말에 용기를 내어 셋째를 낳았다.

불교공부를 하는 분에게도 의논했었다. 그분 말씀이 인간으로 태어나 죄를 짓지 않고 잘 살아야 선계로 가 신선이 된다고 한다. 영혼들이 인간으로 태어나기 위해 줄을 길게 늘어서 있는데 요즘은 아기를 잘 안 낳으니 그 줄이 안 줄어든다고, 영혼 하나 구제한 거라고 위로의 말을 했다. 둘째의 유치원친구 민정이 할머니도 "자식이란 세 살 때까지의 예쁜 짓이 평생 하는 효도의 90%래요. 세 살 이후 부모에게는 의무만 남는 일이라도 미루엄마가 한 일 중 제일 잘한 일이 부루 낳은 일"이라고 격려해 주었다. 아기하나 키우는 데 온 마을이 필요하듯 아기 하나 낳는 데도 온 사람의 응원이 필요하다.

첫 단추

아기의 성장과정 중에서 36개월까지의 훈육이 매우 중요한 시기라고 한다. 그래서 첫째를 36개월까지 집중해서 육아를 했다. 그리고 종일반이 있는 유치원을 물색했다. 유치원을 직접 찾아가서 원장을 만나는 일이 중요하다. 원장의 마인드가 아이의 성장에 매우 중요한 영향을 미치기 때문이다. 대학로 마로니에공원 뒤 2층 단독주택에 있는 유치원을 찾아냈다. 마당이 넓어서 아이들 바깥놀이 하기에도 좋아 보였다. 무엇보다 원장의 마인드가 훌륭했다.

아이가 유치원에서 돌아오면 하루 종일 무엇을 하고 놀았는지 물어본다. 그 이유는 아이의 일상이 궁금하기도 하려니와 혹시 왕따는 안 당하는지 다투거나 맞거나 하는 일은 없는지 확인하기 위함이다. 그래서 우리는 매일 저녁 온 가족이 모여서 하루의 일과를 나누는 일이 일상이 되었다. 그 습관은 우리 가족을 결속하는데 아주 중요한 일이 되었다.

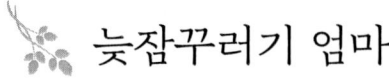 # 늦잠꾸러기 엄마

　자수하자면 나는 천성적으로 게으르고 아침잠이 많다. 늦둥이 여서였을까 아니면 천성이었을까. 8남매의 막내인 나는 아버지가 아침상을 받을 때에도 아랫목에서 늦잠을 자는 특권을 누렸다.
　생각해 보면 그것은 나만의 애정확인이었다. 아버지가 아버지만 드시는 눌은밥을 한 숟가락 남겨둔다. 그것을 눈 비비며 일어나 먹는 맛은 세상 부러울 것 없었다. 남편 직업이 프리랜서라서 새벽밥 할 일 없다는 말에 결혼을 결심했을 정도로 나에게 아침잠은 중요했다.
　초등학교 바로 옆에 살면서 늘 지각을 했다. 지금도 기억나는 가죽 책가방 속의 필통이 달그닥 거리는 소리를 들으며 학교로 달려가던 내 모습이 생생하다. 나는 아이들에게 거짓말을 시키지 않는다는 원칙이 있다. 그래서 '밖에 나가면 엄마 늦잠 잔다는 말 하지 마.'라고 아이들 입단속을 시킨 적이 없었다. 하여 온 동네 사람들은 내가 늦잠꾸러기인 것을 다 안다. 이웃들이 우리 애들에게 엄마 뭐 하시니 하고 물어보면 "우리 엄마 주무세요."라고 말했기 때문이다.

한글공부

첫째가 한글을 알고 싶어 했을 때는 달력 뒷장에 네모 칸을 만들고 가로에 ㄱ, ㄴ, ㄷ, … 세로 칸에 ㅏ, ㅑ, ㅓ, ㅕ, … 를 써주었다. 첫째는 칸 가운데에서 우, 유를 찾아내었고 한글의 원리를 하루 만에 떼었다.

둘째는 같은 방법이 안 먹혔다. 왜 가, 나, 다…를 순서대로 써야 하는지 이해하지 못했다. 그래서 모든 글자들을 조합해서 아무 단어나 만든 뒤 글자마다 머리에 리본을 그리고 아래쪽에는 주름치마를 그렸다. 귀여웠지만 걱정이었다.

어느 날 시장을 지나가는데 어느 식당 입간판을 보더니 부대찌개를 가리켰다. "내동생 부루의 부네." 김치찌개를 보더니 "내 친구 김민정의 김이네."라고 말했다. 미루는 글자를 통으로 외우는 아이였던 것이다.

셋째를 키울 때 우리 집이 경제적으로 제일 힘든 때였다. 그래서 셋째는 누나들 옷도 물려 입었고 흔한 학습지 하나도 안 했다. 그러니 매일 '어떻게 잘 놀까'가 가장 큰 관심사였다. 어릴 때는 잘 노는 것이 공부다. 땅바닥도 보고 하늘도 보고 무엇이라도 다 장난감이 되는 창의의 시간이다. 혼자보다는 여럿이 노는 시간을 가졌고 우리 아이들 셋만으로도 매일매일이 즐거운 놀이시간이었다.

첫째가 중학교 둘째가 사립초등학교에 다녔고 셋째가 유치원에 다닐 때 교육비만으로도 참 힘들었다. 그래서 3월생인 셋째는 한글도 모른 채 한 해 먼저 공립초등학교에 들어갔다.
"학교는 모르는 걸 배우는 곳이야 학교에 가서 한글공부 하면 돼."
그러나 그해에 초등학교1학년 교과서에서 기역 니은 디귿이 없어졌다. 아뿔싸!
다행히도 담임선생님이 1학년 담임을 오래 해온 분이었다. 갑자기 기역 니은 디귿을 안 하고 넘어가기가 불안해서 기역 니은 디귿을 획수까지 정확하게 가르쳐주어서 얼마나 다행이었는지 모른다. 1학기가 끝날 무렵 셋째는 한글을 다 떼었다.

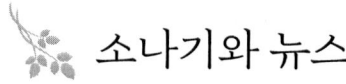 소나기와 뉴스

"오늘 비가 올까요?"

어느 여름날 아침 셋째가 물었다.

"창밖이 맑네. 오늘은 비가 안 올 것 같은데."

오후에 소나기가 쏟아졌고 나의 대답을 듣고 우산을 가져가지 않은 셋째는 책가방을 머리에 올리고 왔어도 팬티까지 다 젖었다고 볼멘 소리를 했다. 그날부터 셋째는 저녁뉴스를 꼭 챙겨보았다. 9시 저녁뉴스가 끝나고 증권뉴스까지 끝나야 일기예보를 한다. 그 덕에 셋째는 증권가 소식에 훤했다.

"삼성전자와 엔씨소프트는 안 망할 것 같아요. 돈이 있으면 삼성전자 살 거예요."

그 당시 삼성전자가 30만 원이었다.

"엄마가 30만 원 빌려줄까?" 했더니 "아니요 제가 모아서 살게요."

그 후 삼성전자는 200만 원까지 갔다. 셋째는 삼성전자를 살 수 없었다. 그래도 경제뉴스에 도통했다.

셋째가 3학년일 때 큰누나가 고1이었다. 고2가 되면 입시준비 때문에 가족여행하기가 어려울 테니 큰맘 먹고 유럽여행을 갔다. 그 당시 유로화가 1370원이었다. 유럽에서 우리가 무엇을 사려고 하면 셋째가 1370원을 곱해서 한국 돈으로 얼마인지 알려주었다. 덕분에 셋째는 곱셈 왕이 되었다. 유럽여행에서 돌아온 어느 날 뉴스를 보다가 유로화가 1450원이 된 것을 본 셋째가 물었다.

"외국돈이 쌀 때 샀다가 비쌀 때 팔아도 되나요?"

"그럼. 그런 걸 환차익이라고 하지."

다른 아이들이 학원에 가서 선행학습을 할 때 아이는 뉴스에서 세상 공부를 하고 있었다.

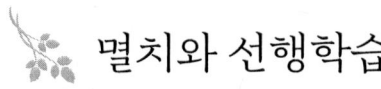 ## 멸치와 선행학습

셋째가 2학년이 되어 학부모 상담시간에 교실에 찾아갔다. 교탁에는 예쁜 보석상자가 있었고 그 안에는 작은 멸치가 들어있었다. 선생님 말씀이 학원에서 선행학습을 해온 아이들이 수업시간에 돌아다니는 경우가 많은데 셋째는 선생님을 바라보는 눈이 정말 예쁘다고 칭찬했다.

셋째는 아는 것이 없으니 선생님 말씀을 안 들으면 큰일 나니 열심히 들었을 것이다. 그러다가 아는 이야기가 나오면 고개를 끄덕인다고. 그래서 어떻게 아느냐고 물으면 뉴스에서 보았다고 했단다.

"선생님이 너 칭찬하시더라. 선생님 말씀에 귀를 잘 기울인다고."

"저 그래서 멸치도 많이 받았어요. 선생님이 아이들에게 너희들도 부루처럼 뉴스라도 좀 보렴 하고 말씀하셨어요."

"선생님이 어쩌면 그렇게 현명하시니 멸치가 사람에게 얼마나 좋은 건데."

"학원에서 미리 다 배워온 아이들이 수업시간에 막 돌아다녀요."

선생님의 말씀을 받아먹지 않으면 살 수 없는 셋째는 선생님의 말씀에 집중했다. 학원에서 미리 다 배워 와서 학습 내용을 아는 아이들이 많지만 그냥 건너뛰지 않고 열심히 설명하고, 설명을 열심히 듣던 셋째를 예뻐했던 선생님께 감사한 마음이 들었다. 선행학습은 무엇을 위한 누구를 위한 학습일까. 공교육을 밀어내는 역할이라면 재고해보아야 하지 않을까 하는 생각이 들었다.

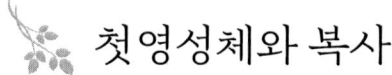# 첫 영성체와 복사

나에게는 신앙심이 깊은 언니가 있다. 늘 바쁜 나에게 때가 되면 유아세례 시켜라 첫 영성체 기간이다 하고 일러주었다. 셋째가 첫 영성체를 하고 나서 복사[3]가 하고 싶다고 했다. 복사를 하려면 12월 한 달 동안 새벽미사를 빠지지 않고 나가야 자격이 주어진다.

"엄마는 널 매일 새벽미사에 데려다줄 수가 없어. 너 혼자 성당에 갈 자신이 있으면 하렴."

초등학교 3학년 어린아이가 새벽 6시 미사에 가려고 5시에 스스로 일어나 어두컴컴한 골목을 나서는 일이 쉬운 일은 아니었을 텐데 셋째가 그걸 해냈다. 그리고 중학교 2학년까지 복사를 했다. 나중에 성당에서 만난 어느 복사 선배 엄마가 "새벽미사에 엄마 안 따라온 아이는 셋째 밖에 없었고, 그러면서도 기도 안 죽고 늘 웃었다고 어쩌면 아이를 그렇게 잘 키웠느냐"라고 말했을 때 양심에 찔렸다.

---

3 복사-천주교 미사에서 사제를 도와 전례가 원활히 진행될 수 있도록 봉사하는 사람

나중에 셋째에게 그때 새벽미사 갈 때 안 무서웠냐고 물었더니 조금은 무서웠노라고 대답했다. 나는 셋째에게 많이 미안했다. 내가 아들 담력을 키우려고 그런 것은 아니고 바쁘고 게으른 엄마라서 미안. 그러나 정말 자기가 하고 싶은 강력한 동기를 가진 아이는 혼자서라도 그 가치를 향해 간다.

과학고와 수학시험

셋째가 학교에서 아이들이 과학고준비를 하더라며 자기도 과학고에 가고 싶다고 말했다.

"아이들이 과학고반이 있는 학원에 다니더라고요."

학원정보는 물론이려니와 그런 정보를 알려줄 친하게 지내는 엄마도 없었던 나는 "그럼 그 아이들이 어느 학원에 다니는지 알아오라."고 말했다.

그래서 아이는 과학고반이 있는 학원에 등록했다. 처음 다니는 학원이어서 재미있어 했다.

어느 날 셋째가 씩씩거리면서 들어왔다. 학교에서 보는 수학시험지가 앞장에 객관식 20문제 뒷장에 주관식 4문제가 있었는데 뒷장에 문제가 있는 걸 못 보아서 앞장만 풀었다는 것이다.

"앞장 다 맞아도 80점이에요. 아이들이 놀렸어요. 과학고 가겠다면서 80점이 뭐냐고. 시험지 앞장 맨 끝에 '뒷장' 혹은 → 이렇게 화살 표시만 하셨어도 뒷장을 못 풀지는 않았을 텐데요."

"시험을 보는 이유는 그동안 배운 것을 얼마나 알고 있나 알아보기 위한 것이거든. 틀린 것은 왜 틀렸는지 다시 확인해서 너의 것으로 만들기 위한 것이지. 그리고 앞으로 네 인생에서 어떤 시험을 보든 넌 뒷장을 안 푸는 일은 절대로 없을 거야. 오늘이 수능시험 날이 아니길 천만다행인거지."

셋째의 얼굴에 안도의 빛이 지나갔다. 그리고 고개를 끄덕거리며 씩 웃었다.

그해에 서울과학고가 영재과학고[4]가 되는 바람에 공부 잘하는 아이들이 상당수 과학고에 떨어져서 셋째도 친구들도 일반 고등학교에 갔다.

---

4 영재과학고는 전국 중학생이 대상이라서 경쟁률이 높다.

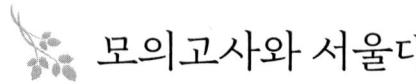 모의고사와 서울대

고3이 되면 3, 6, 9월 모의고사가 중요하다고 한다. 6월 모의고사를 보고 난 후 셋째가 과학 한 과목이 영 불안하다며 서울대를 포기해도 되겠냐고 물었다.

'누가 서울대 가라고 했나?'

"서울대도 훌륭하지만 연고대도 훌륭하지."

셋째는 서울대를 포기해서 고3 내내 스트레스 없고 행복했다고 말했다. 서울대 안 가고 스트레스 없다면 그것이 더 나은 선택 아니겠나? 모두가 서울대를 갈 수는 없는 일이지. 아이가 갈등하고 있을 때 부모는 그 이야기를 들어주고 적절하게 조언만 하면 된다.

결국 그 선택도 아이 스스로 해야 하는 일인 것이다. 때때로 서울대를 포기해서 아쉬웠던 점이 생각날 때도 있을 것이다. 그러나 앞으로 걸어가면서 뒤돌아보는 일은 적으면 적을수록 좋은 일이겠지. 한 번쯤 뒤돌아보며 후회했다고 해도 자신이 선택한 길을 걸어가면서 행복했던 기억만 남아있기를 바랄 뿐이다.

고3과 게임

셋째가 야간자율학습 끝나고 집에 돌아오면 거의 새벽 1시가 된다. 교복을 벗는 동시에 컴퓨터를 켠다. 게임을 하려는 것이다. 요즘 게임은 화면만 봐도 뭐가 뭔지 모르겠고 어려워 보인다.

"우리 아들은 어쩌면 이렇게 어려운 게임도 잘할까. 한판만 하고 자렴."

고3이 게임을 한다는데 어느 엄마가 좋겠냐마는 이 엄마는 셋째의 등을 두드려주었다. 집에서 게임을 못하게 하는 아이들은 야자시간에 담을 넘어 피시방에 간다고, 자기는 그럴 필요가 없어서 좋다고 행복해했다.

수능 끝나는 날 셋째가 그랬다. 게임하지 말라는 말 안 해줘서 고마웠다고. 고3이 얼마나 스트레스가 많겠나. 잠 좀 더 자는 것보다 스트레스를 날리는 게 중요하지. 어떤 상황이든 나는 아이가 행복하면 그게 더 좋았다. 결과나 인생은 본인이 알아서 하는 거니까.

 대학생과 교수

고려대학교 컴퓨터공학과는 100% 이과생만 모집을 했더니 어떤 한계가 보여서 아직 효과가 얼마나 있는지 통계는 없지만 이과 70% 문과 30%씩 선발하고 있었다. 고3동안에도 스트레스 없이 늘 웃으며 지냈던 아이가 매일 밤을 새우며 힘들어했다.

"앞뒤 과고, 좌우 외고출신 아이들이에요."

문과 30%가 외고 출신들이었던 것이다.

"외고 출신 아이들은 이과에 약하지만 공부하는 방법을 알아서 잘해요."

그러고 보니 강북에서, 일반 고등학교에서, 고려대학교에 입학한 학생 수가 그리 많지 않았다. 빈익빈 부익부 현상이 대학입시에도 영향을 강력하게 미치고 있다는 생각에 마음이 착잡했다. 그 경향은 점점 더 심각하게 편중되어 가서 어쩌면 나의 이야기가 터무니없게 들릴 수도 있겠다 싶다. 그렇다면 공교육이 무너지는 더욱 심각한 일 아닐까 하는 생각도 든다. 전국의 많은 부모들이 아이들 어려서부터 각자도생, 알아서 사교육을 열심히 할 수밖에 없는 일인 것이다. 내가 아이들 셋을 키우는 동안 다른 아이들에 비해 사교육비를 별로 안 들였다는 것이 일반적인 일은 아닐 테니까. 어떤 의미에서는 점점 더 개천에서 용이 나는 일은 드문 현상이 되고 있다. 경제적인 면에서도 빈익빈 부익부인 현상이 아이들의 인생에까지 강력하게 영향을 주고 있으니 말이다. 그럼에도 주위에 나와 같은 육아방침을 가지고 있는 이들을 본다. 나의 교육관이 특별하거나 특출한 것은 아니라는 이야기다.

부모의 역할은 여기까지라고 생각한다. 셋째가 초등학교 때 꿈이 선생님이 되는 것이었다. 나는 교사라는 직업이 얼마나 훌륭한 직업인지 이야기해 주었다. 중학교에 가니 한 과목 만 가르치는 점이 좋다며 중학교 교사가 꿈이 되었다. 고등학생이 되자 고등학교만 졸업하고 취직을 하는 것도 좋을 것 같다고 했다. 그러면 경제적으로 빨리 독립을 할 수 있으니 참 좋은 생각이라고 말했다. 생각해보니 대학교를 졸업하는 것이 더 낫겠다고 했다. 우리나라에서는 대졸이 훨씬 유리하다고 말해주었다. 대학생이 되더니 대학원은 가지 않겠다고 말했다. "대학교 졸업하고 취직하면 엄마도 좋지." 나의 대답이다. 석박사를 마치고 고연봉 IT회사에 들어가 대체 복무를 마쳤다. 그리고 고연봉을 마다하고 교수가 되었다. 늘 선생님이 꿈이더니 꿈을 이루었다고 함께 기뻐해주었다. 아이들의 꿈은 계속 바뀐다. 아이의 꿈이 무엇이든 부모는 뒤에서 무한 응원만 해주면 된다. 아이가 망설이거나 어떤 결정을 내려야 할 때 가족의 무조건적인 응원이면 아이는 힘을 얻고 앞으로 나아간다.

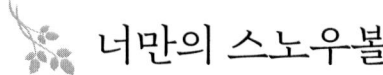 # 너만의 스노우볼

서강대 교수임용식에 가족 2명씩을 초대했다. 둘째와 같이 참석했다.
"서울대 출신을 선호하는 사회에서 서울대도 아니고, 해외 박사를 선호하는 세상에서 국내 박사에, 만 30살도 되지 않은 너를 뽑아준 서강대학교가 훌륭한 대학교"라고 말했다. 서강대학교 이사장님 총장님이 신부님이라서 더 앞선 판단을 하였을 것이고 셋째가 어린 시절 5년 동안 복사를 해온 것도 공연한 일이 아니었겠구나 하는 생각을 하니 지나온 매 순간이 감사한 마음이었다. 의도한 것은 아니었으나 생활고에 궁여지책으로 유치원비를 아끼려고 다른 아이들보다 한 살 먼저 초등학교에 입학시켰다. 그래서 최연소 박사, 최연소 교수의 수식어가 따라왔다.

"왜 산과를 선택하셨나요?"
오래전에 아는 산과 교수에게 물어본 적이 있었다.
"그 아이는 리프 가렛이 될 수도 있고 (리프 가렛 내한공연이 있던 시기였다.) 대통령이 될 수도 있고 이 세상 무엇도 다 될 수 있는 아이를 내가 세상에서 제일 먼저 만나는 일이잖아요." 그 말씀이 오래 기억에 남았다. 아이는 무한한 가능성을 지니고 태어난다. 그리고 아무도 예측할 수가 없다. 세상이 뒤숭숭해도 매 순간 최선을 다하는 일만이 우리가 할 수 있는 일이다.

왜인지 모르겠으나 어린 시절의 우울이 나를 염세적으로 만들어서 그런지 '고등학교까지 사고 없이 다치지 말고 무사히 졸업해 다오 그 후의 삶은 네 스스로 책임져야 하니까' 그런 마음으로 아이들을 키웠다. 아이들에게 공부하라는 소리를 한 번도 해본 적이 없었다. 수능 끝나고 셋째가 누나들에게 그렇게 말했다고 한다.

"우리 엄마는 왜 공부하라는 소리를 안 하셨을까. 그게 그렇게 불안해서 공부를 할 수밖에 없었다."고. 엄마의 고도의 수법은 아니었다.

"교수님 방 구경시켜 주렴."하고 부탁했다.

교수실에 들어서며 셋째가 싱글싱글 웃었다. 자기가 굴린 스노우볼이 어디까지 갈지 자기도 모르는 일이라고.

"저희 어머니가요 유치원비 아끼려고 학교를 한 살 일찍 보내서요 라고 말할 수도 없고." 셋째가 유쾌하게 웃었.

꿋꿋하게 소신을 가지고 자신의 인생을 설계해 온 아들이 대견할 뿐이었다.

육아특급비법

첫째가 태어났을 때 손가락 발가락 개수를 세어보고 다 정상인 것을 안 순간 안도의 숨을 내쉬었다. 그렇다면 이제부터 아기의 삶은 아기의 것이다. 아기는 울음 한 가지로 의사표현을 하며 성장한다. 누가 시킨 것도 아닌데 때가 되면 뒤집고 기고 서고 걷는다. 인간에게는 성장본능이 있는 것이다. 그러면 부모는 잘 먹이고 입히고 지켜보기만 하면 된다. 학습능력이 뒤떨어지지 않는다면 마라톤처럼 긴 호흡으로 지켜봐 주면 되는 일이다. 그 믿음을 행동으로 실천하기가 더 어렵다는 것을 안다. 잔소리하기가 제일 쉽다. 잔소리 안 하기가 더 어려운 일이다.

내가 나의 육아 성공비결이 머리 쓰다듬어주기와 칭찬하기라고 말했지만 처음부터 머리를 쓰다듬어준 것은 아니다. 내가 애정표현을 겉으로 드러내는 성격이 아니라 아이들을 안고 물고 빨고 하지 않았다. 그러나 말 수가 많지 않은 나의 부모님의 온화한 표정만으로 충

분했듯, 내가 평정심을 유지하고 따스한 표정만 지어도 아이들은 안다. 반대로 자기들이 잘못한 일이 있을 때 내 표정의 엄격함만으로도 아이들은 제 잘못을 알았다.

어느 날 컴퓨터 게임을 하고 있는 셋째의 머리에 무엇이 붙어 있길래 그걸 떼어주려고 손을 가까이 댔다. 순간 아이가 손을 올려 막았다. 그 행동은 내가 집에 없는 낮 시간 동안 이모할머니가 때렸거나 아니면 때리지는 않았더라도 때리는 시늉을 했다는 뜻이라서 가슴이 너무 아팠다.

그날부터 '엄마가 손을 올리는 것은 때리려는 것이 아니라 머리를 쓰다듬어주기 위한 것'이라는 것을 아이에게 인식시켜 주려고 시작한 일이었다. 아이를 칭찬하는 방법 중에 머리 쓰다듬고 등을 두드려주는 일이 효과가 좋다고 한다. 등을 두드려 주면 옥시토신 분비를 촉진하여 부모와 아이 간의 유대감을 강화시킨다고 한다. 나는 수시로 머리를 쓰다듬고 등을 두드려주었다. 티브이를 보아도, 게임을 해도, 방바닥에 누워 뒹굴거려도.

둘째는 이모할머니가 "어쩌면 이 세상에 이렇게 예쁜 아이가 있을고." 하면서 '성북동 미인'이라고 불렀음에도 지극히 평범한 아이였다. 걸음도 늦었고 말도 느렸다. 대신 침착하고 신중했다. 할머니가 시킨 대로 정리정돈을 잘했고 신을 벗으면 언제나 가지런히 해놓았다. 내가 마당에서 빨래를 널 때면 옆에서 젖은 빨래를 탁탁 털어서 반듯하게 펴서 빨래 건조대에 널었다.

시험 점수 40점 50점을 맞아도 늘 생글거렸다. 나는 없는 칭찬도 만들어했다.

"어쩌면 이렇게 머릿결이 좋니."

"어쩌면 빨래도 잘 너니."

"엄마 닮아서 피부도 좋구나." 아이는 침착하고 신중해서 실수가 적었다. 제 속도대로 천천히 정상을 향해 노력하고 있었다.

셋째가 고등학생이 되었을 때 내가 해준 조언은 딱 하나. "네 경쟁상대는 전교 1,2등이 아니라 작은누나처럼 밑에서 야금야금 올라오는 아이들이야. 그런 친구들은 아래로 내려가지 않거든. 네 주위에도 반드시 그런 아이들이 있을 거야."

다른 것은 몰라도 나의 육아특급비법 '머리 쓰다듬어주고 칭찬해주는 일'은 꼭 따라 하시기를 바랍니다.

문제아 뒤에는 언제나 문제어른이

어느 날 성폭력피해청소년쉼터의 헤레나 씨에게서 전화가 왔다. 센터에 있는 아이들에게 바느질을 좀 가르쳐줄 수 없는지 물었다. 내가 가지고 있는 바느질도구와 천이 드디어 할 일이 생기는 순간이었다. 아이들이 끈기가 없어서 끝까지 완성 못할 수도 있다고 언질을 주었다. 마을 강사의 경험이 큰 힘이 되어 그들과 양말인형을 만들었다. 아이들은 집중해서 바느질을 했다. 정교하지는 않아도 자신만의 양말인형이라 애착을 가지고 열심이었다. 다른 것도 아니고 해 본 적 없는 어려운 바느질거리를 들고 멀리서 찾아갔는데 아이들이 집중하지 못할까 염려했던 헤레나 씨의 걱정은 슬금슬금 뒷걸음질쳤다.

수면양말이 주는 부드럽고 따스한 촉감과 양말인형 속에 채워 넣는 함박눈처럼 희고 폭신폭신한 솜. 스스로 만들었다는 성취감이 아이들에게 고스란히 스며들었다. 그리고 바느질의 장점이 손으로는 바느질에 몰입하면서 입으로 이야기를 할 수 있다는 것이다. 바느질하는 손끝에 집중하면서 누구와도 눈 마주치지 않고 속이야기를 할 수 있는 시간은 어쩌면 아이들에게 가장 필요한 순간이었을지 모른다. 상담사와 하는 의무감과 책임감 같은 부담 없이 처음 보는 낯선 이에게 언젠가는 한 번쯤 털어놓고 싶었던 속 이야기들.

"나는 아버지가 술 드시고 오면 오버나이트[5] 두 개 찼다."

바느질에 집중하던 한 아이가 말을 했다. 그 소리에 가슴이 덜컥 내려앉았다.

"나도 그랬는데."

다른 아이가 맞장구 쳤다. 세상에! 이렇게 어린아이들이 지금보다 더 어린 나이에 오버나이트 두 장에 의지해서 하루하루 버텼다니. 억장이 무너졌다. 하나같이 가정폭력에 노출된 아이들이었다.

부모가 이혼 후 아이를 친할머니한테 맡겼는데 친할머니의 폭력에 견디지 못하고 나온 제일 어린아이가 있었다. 바느질 자체를 거부했다. 대신 부직포를 오려서 풀로 붙여도 되는지 물었다. "당연히 되지. 하고 싶은 대로 하렴." 끈기 없는 아이에게는 한 땀 한 땀 바느질이 어렵고 힘든 일이다. 아이는 하얀 부직포에 작고 가는 해골과 뼈다귀를 그리고 공들여 오린 후 검정 부직포에 붙여나갔다. 그 아이만의 해골 인형은 제법 균형 있고 멋있었다.

"얘는 매일 해골만 그려요."

---

5 수면용 길고 두꺼운 생리대

다른 아이들이 흉을 봤다.

"래퍼들 모자나 티셔츠에 해골 그림 많지? 나중에 그런 쪽 디자이너가 되면 잘하겠구나."

"우리 할머니는 의자를 들어서 던졌잖아. 그래서 돈을 훔쳐서 나왔지."

아이는 칭찬에 신이 나서 무용담처럼 큰소리로 이야기했다.

아이들이 초등학교 때까지는 어떤 폭력도 참는다. 자신을 지켜줄 곳이 집 밖에는 없으니까. 그러다 키가 커지고 힘이 세지면 더 이상 맞고만 있지 않는다. 폭력이 반복되면 돈을 훔쳐 가출한다. 돈이 다 떨어지고 사흘을 굶으면 국밥 한 그릇 사준 할아버지를 따라간다. 그리고 자신의 몸이 돈이 된다는 것을 알게 된다. 그런 아이들 중에 똑똑한 아이는 가출청소년들을 모아서 포주를 한다. 그 세계에도 약육강식이 존재하는 것이다.

그렇게 포주를 하다 들어온 아이가 바느질을 얼마나 잘하는지 침이 마르도록 칭찬을 해주었다. 그러자 아이가 제 방으로 가서 그동안 그렸던 그림들을 가지고 나왔다. 그림 솜씨도 좋았다. 꼭 고등학교 졸업은 하라고 말해주었다. 검정고시를 준비 중이라고 했다.

"너처럼 솜씨 좋은 사람은 두타나 밀리오레 같은 데서 옷가게 직원으로 경험을 쌓으면 누구보다 빨리 사장님도 될 수 있다"라고 말해주었다. 사업머리가 있는 아이니까 말귀를 빨리 알아들었다.

양말인형을 다 만들고 그 속에 하얀 솜을 꼭꼭 채워 넣는다. 아이들이 제일 좋아하는 순간이다. 하얀 솜을 욕심껏 양말 속에 넣는 아이들을 보며 흰 솜이 기근 든 보릿고개 흰쌀밥 같다는 생각을 했다. 구멍 뚫린 가슴을 메우기라도 할 것처럼 꼭꼭 눌러 솜을 넣는 아이들의 얼굴에 미소가 번진다. 내손으로 나만의 인형을 만들었다는 성취감에 스스로가 대견한 것이다. 그들의 가슴 한켠 멍 자국이 하얀 솜에 스며들어 사라질 수 있기를 기도하는 마음으로 아이들 등을 두드려 주었다.

화성에서 만난 아이들

 내가 지금 존재하는 것은 나 혼자만의 힘이 아니란 것을 깨달은 순간 뜻하지 않게 어린아이들과 만났다. 무려 초등학교 1학년들이었다. 서경대 멘토 프로그램에 참여했을 때였다.
 막 코로나가 시작되고 전 세계가 멈춰 섰다. 멘토링을 진행해야 하나 어쩌나 그런 논의들이 오갔고 그럼에도 멘토링을 진행하게 되었다. 경기도 화성의 지역아동 돌봄센터. 학교를 마친 아이들 공부와 숙제도 봐주고 따스한 저녁밥을 지어 아이들에게 주는 곳.
 그곳에는 다문화아이들이 많았다. 초등학교 1학년짜리들이 바느질에 집중하는 모습이 대견하고 귀여웠다. 한 아이가 내 옆에 꼭 붙어 앉아 열심히 바느질을 하면서 무심히 아무렇지 않은 듯 한마디 했다.
 "선생님 우리 엄마는 중국인이다요."
 아이의 입장에서 보면 자기는 한국에서 태어나 한국 사람인데 엄마가 외국인인 것이다. 아이들이 원해서 다문화자녀가 된 것이 아니니 아이는 그 상황이 이상했을 것이다. 그 아이 덕분에 알게 되었다. 초등학교 1학년도 고만한 고민과 슬픔이 있다는 것을. 대부분 중국이나 베트남, 필리핀 엄마들이라 겉모습에서 티는 덜났지만 사회에서 학교에서 눈에 보이지 않는 차별의 시선을 아이는 느끼고 있었을 것이다.

"엄마의 말을 잘 배워두렴. 그러면 커서 이중 언어를 하는 훌륭한 인재가 될 거야."

진심으로 간곡하게 이야기해 주었다. 필리핀 엄마를 둔 쌍둥이 아이들에게도 똑같이 이중 언어의 중요성을 말해주었다. 그 아이들은 언젠가 한 번쯤 누군가에게 어린 가슴을 짓누르고 있는 속엣말을 하고 싶었을 것이고 그게 나여서 다행이라는 생각이 들었다.

그 아이들은 자라서 이 나라의 기둥이 될 것이다. 아이들이 큰 고비 없이 잘 커주었으면 하는 바람을 담아 바느질 칭찬이나 하고 돌아왔다.

소년원이라는 이름의 학교

　소년원의 아이들을 만나러 가는 길. 소년원은 OO 여자고등학교라는 명패를 달고 있었다. 학교 입구를 지키는 교도관들이 문을 열어주었다. 학교는 넓고 조경시설도 훌륭했다. 담당 교도관이 데리러 나왔다. 모든 문은 전부 철통 방어 문이었다. 내가 들어간 교실에는 다섯 명의 여중생들이 여름체육복을 입고 있었다.
　처음 계획은 양말인형 만들기였다. 그러나 바느질 도구인 실과 바늘, 쪽가위는 반입금지물품이었다. 그것들을 폭력도구로 보는 것이었다. 이 아이들과 무엇을 해야 하지? 준비해 간 오페라 이야기만 하기로 했다. 오페라를 본 적이 있는지 물었다. 검정테 안경을 낀 동글동글 귀여운 아이가 대답했다. 성남시에서는 중학생들에게 성남아트센터에서 공연하는 오페라를 보여주었다고 한다. 그래서 오페라 이야기를 낯설어하지 않았다.
　매우 산만한 아이 하나가 잠시도 가만히 있지 못하고 책상 위에 엎드려 있다가 일어나서 돌아다니다가 지나가는 다른 반 아이들 참견도 하고 다시 책상으로 돌아와 엎드렸다. 그러면서도 오페라 이야기에 넙죽넙죽 대답도 하고 아는 체도 했다. "넌 어떻게 오페라에 대해 잘 아는 거지?" 하고 물었다. 그 아이는 책상 위에 엎드려서 심드렁하게 대답했다. "여기 말고 전에 다른 소년원에 있었을 때 만화로 된 오페라이야기책 다 읽었거든요."

"내가 많은 학교에 다녀보았지만 너처럼 오페라를 많이 아는 학생은 처음이거든. 그걸 읽고 다 기억을 하고 있었다니 정말 대단한걸!" 아이가 슬그머니 일어나 똑바로 앉았다. 키도 크고 정말 예쁘고 똘똘하게 생긴 아이였다.

"너희들이 나중에 고등학교도 졸업하고 사회인이 되었을 때 오페라를 보러 갈 일이 생기면 선생님을 기억해 주렴." 하고 말했더니 그 아이가 내 이름을 물었다. 나는 내 이름의 변천사를 이야기해 주었다. 내 이름은 원래 신동님이었다. 가운데 돌림자에 끝자리 하나 얻은 이름. 내가 어렸을 때 브라더 미싱이 나왔고 라디오에서 흘러나오는 CM송 "꽃님이 시집갈 때 부라더 미싱" 덕분에 내 별명은 꽃님이었다. 서울농대를 나와 소사에서 돼지농장을 하던 오빠 친구는 우리 집에 오면 나를 돈님이라고 불렀다. 그러다가 동직원의 실수인지 어느 날부터 내 이름이 동림이 되어있었다.

내가 어려서부터 쓰던 동림이란 이름, 문제는 한자전산화작업이 진행되던 때였다. 이름 끝 자의 한자가 맡길 임이었기에 맡길 임은 절대로 림이 될 수 없다는 것이었다. 그래서 내 이름이 동임이 되었다. 그때 그런 생각을 했다. 그래 '호'도 짓고 개명도 하는데 이름이 뭐가 되었든 내가 나인 것이 중요하지 그까짓 이름이야 뭔들. 그 이야기를 듣던 그 아이가 "그렇죠 선생님!" 하고 활짝 웃었다. 자기의 이름도 엄마가 비싼 돈 주고 어디 가서 지어와 개명한 이름이라는 것이었다.

십여 년 자신의 분신으로 여겨온 이름 대신 작명소에서 돈을 주고 새 이름을 받아 개명해 준 엄마를 향한 원망이 살짝 스쳐갔다. 그 아이의 엄마는 아이의 마음을 헤아리는 대신 손쉬운 개명을 택한 것이다. 아마 그 아이가 나중에 고등학교에 갔을 때 그 아이의 과거를 세탁하려는 의도였으리라 이해가 가지 않은 것은 아니었으나 우선순위가 틀렸던 것이다.

"당연하지 이름과 상관없이 너는 너지. 예쁘지 똑똑하지. 선생님처럼 너도 '호' 러니 하고 생각해 보렴." 했더니 아이가 동병상련의 동지를 만난 듯 소리 내어 웃었다. 그리고 일주일 뒤 내가 교실에 들어가니 그렇게 산만하던 아이가 옆에 눈길도 안 주고 책을 읽고 있었다. 두 시간 내내 꼼짝도 하지 않고 책을 읽던 아이. 귀로는 내 이야기를 듣고 있다는 것을 알 수 있었다. 어떤 학교보다 넓고 건물도 좋고 조경도 훌륭한 학교. 교도관이 열어주어야 통과하는 건물의 현관문을 지나 굳게 닫혀있는 교문을 향해 걸어내려 가면서 자꾸 뒤돌아보았다. 초롱초롱하던 다섯 아이들의 눈동자가 눈에 밟혀서.

이야기 다섯

웰리빙 웰다잉

죽음에도 이름이 있다

　오페라와 웰다잉 이야기를 준비해 교도소에 인문학 강의를 하러 갔을 때의 일이다. 잘 알려진 오페라 이야기를 하고 아리아도 넣고 PPT 준비를 했는데 PPT를 틀 수 없었다. 그래서 말로 오페라를 설명하고 웰다잉 이야기를 했다. 여러분들이 수감생활을 잘 마치고 사회에 나가 오페라 공연에 대한 정보를 들으면 오페라도 보셨으면 한다고 말했다. 그리고 죽음에도 이름이 있다는 이야기를 했다.

　여러분들이 교도소 안에서 죽는다면 여러분의 죽음의 이름은 교도소 수감자의 죽음이 될 것이라고, 사회에 나가서 열심히 살다가 좋은 일로 훌륭한 죽음의 이름을 갖기 바란다고 이야기를 마쳤다. 집으로 돌아가는 길에 생각하니 '죽음의 이름'은 나 자신을 위한 말이기도 했다. 활발하게 활동하다가 후회 없이 죽는 것. 그것이 가장 좋은 웰다잉인 것이다. 늘 느끼는 것이지만 타인을 위한 봉사가 결국은 나 자신에게 깨우침을 준다.

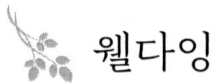 웰다잉

웰다잉=웰에이징=웰리빙

누구나 웰빙을 꿈꾼다. 건강식품, 각종 요리프로그램, 온갖 홈쇼핑의 제품들이 웰빙이라는 이름을 달고 있다. 어떻게 죽어야 할지 배우는 것은 어떻게 살아야 할지를 배우는 것이다. 우리도 잘 죽기 위해 잘 사는 이야기를 해 본다.

누구나 한번은 가야 할 길임을 알면서도 우리는 죽음이란 단어를 불편해한다. 죽음은 좋은 것인가 나쁜 것인가 삶의 끝인가 아니면 새로운 시작인가. 인류가 평생 떠안고 있는 숙제다. 삶과 죽음.

우리가 죽음이 두려운 이유는 행복했던 사람들과의 단절과 비인간화된 병원에서의 죽음에 대한 두려움과 비인격적인 임종 순간의 두려움 때문이다.

셸리 케이건[6]이 해석한 죽음에 대한 두려움을 보면 이렇다.

죽음의 필연성-한 번은 죽는다.
죽음의 가변성-얼마나 살지 모른다.
죽음의 예측 불가성-언제 죽을지 모른다.
죽음의 편재성-어떻게 죽을지 모른다.

죽음이 두려운 것은 언제 어디서 어떻게 죽을지 모르는 확인 불가한 상황이기 때문인 것이다.

잘 죽는다는 것은 어떤 것일까.
죽음은 나이 순으로 오지 않는다. 어린아이가 희귀병으로 죽기도 하고 청년들이 사고로 죽기도 한다. 웰다잉을 실천하고 잘 죽은 사람들 이야기를 해 본다.

엘레나 데세리치(6세)
미국의 어린 소녀 엘레나는 6세에 뇌종양수술을 받는다. 그러나 더 이상 살 가망이 없다. 그녀는 자신이 떠난 후에도 가족들이 자신의

---

[6] 1956년생 예일 대학교의 철학(사회사상/윤리학) 교수

사랑을 느낄 수 있도록 집안 곳곳에 사랑의 쪽지를 써서 숨겨둔다. 엘레나가 세상을 떠나고 가족들이 슬픔에 싸여있을 때 엘레나의 쪽지들이 집안 여기저기에서 발견된다. 가족들은 보물찾기 하듯 엘레나의 쪽지들을 찾아낸다. 그 쪽지에는 자신이 가족을 얼마나 사랑하는지 절절하게 표현되어 있었다. 덕분에 가족들은 엘레나를 향한 사랑의 마음을 아름답게 간직한 채 그녀의 쪽지 이야기를 책으로 펴낸다. 〈Notes Left Behind〉

가족이나 친한 지인이 우리 곁을 떠났을 때 진심으로 깊은 애도가 남은 이들을 위무한다. 그러나 우리는 타인의 아픔을 외면한다. 아직도 세월호와 이태원 사고가 제대로 규명되지 않은 채 세월만 보내는 것이 안타깝다. 개인도 국가도 진심어린 애도에 권리와 책임이 있다.

송영균(1987년생)

송영균은 어려운 사람들을 돕고자 하는 마음으로 로스쿨에 입학한다. 우연히 건강검진을 받은 그는 대장암 말기였다. 청년 송영균은 5번의 대수술, 20번이 넘는 항암치료로도 더 이상 치료법이 남아있지 않다는 판정을 받는다.

그는 '죽을 때까지 내가 할 수 있는 일이 무엇일까.' 생각한다. 그는 사전연명의료의향서를 쓰고 매주 2회 독서 모임 〈철학, 죽을 때까지 읽기〉를 시작한다. 그리고 불편한 신체 조건에도 양복에 구두를 신고 엄마와 마지막 여행을 떠난다. 그의 이야기는 'MBC스페셜-내가 죽는 날에는'에 기록되었다.

송영균은 자신의 죽음을 잘 준비해서 함께 독서 모임을 하던 친구들의 배웅을 받으며 아름답게 삶을 마무리했다. 그러나 우리 사회는 여전한 안전불감증으로 청년들이 느닷없이 죽음을 맞이하고 있다. 그리고 진심어린 사과와 애도도 건너뛴다. 재발 방지와 안전에 관하여 철두철미한 예방이 시급하다.

이재락(캐나다 교포)

캐나다 교포 내과의사 이재락 박사는 자신의 삶이 담낭암 3기로 3개월뿐이라는 것을 알고 수술을 거부한다. 그리고 사전 장례식을 준비한다.

'내가 죽은 다음에 날 보러오는 것은 무슨 의미가 있겠는가. 내가 살아생전에 보고 싶은 사람들을 만나자.'

그는 토론토 한국일보에 공개편지를 보냈다. 편지의 제목은 〈나의 장례식에 초대합니다.〉망자가 찬밥 신세인 장례식이 싫으니 살아서 더운밥 먹읍시다.

사전 장례식의 참여 조건은 1) 조의금 사절 2) 검은옷 사절 가능하면 꽃무늬 예쁜옷.

이왕이면 밝은 색 옷, 꽃무늬 예쁜 옷을 입고 참석해주세요.

그의 이야기를 듣고 팔순, 구순 잔치가 사전 장례식의 의미가 아닐까 하는 생각이 들었다. 자신의 죽음을 자신의 손으로 준비한다는 것은 웰다잉을 실천하는 일이다.

웰다잉 10계명

1. 건강체크하기
2. 사전의료의향서 작성하기
3. 자성의 시간 갖기
4. 자서전와 법적 효력이 있는 유언장 작성하기
5. 자원봉사
6. 버켓리스트 작성하기
7. 추억물품 보관하기
8. 마음의 빚 청산(물질적,정신적 빚)
9. 고독사 예방-위급시 도와줄 친구나 이웃 정하기
10. 장례계획세우기-자신이 원하는 방식 정하기

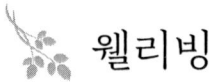 웰리빙

1985년 결혼 후 1986년 1990년 1994년 세 번의 출산을 거쳐 삼 남매를 두었다. 내 아이들을 책임져야 한다는 중압감과 연이은 공연제작만으로도 24시간이 모자랐다. 감기조차 잘 안 걸렸던 나는 건강걱정은 안 했다. 그러다가 덜컥 인생의 브레이크가 걸렸다. 2013년 뇌경색으로 쓰러진 것이다. 그때의 허무함, 인생무상은 나의 인생관을 바꿔놓았다. 그 첫 번째가 웰다잉 강사가 된 것이다. 웰다잉을 공부하는 목적은 웰리빙에 있다.

두 시누이가 어머니 댁 근처에 살면서 보살펴드리고 있었기 때문에 어머니에 대해 걱정은 별로 안 하고 있었다. 맞벌이하는 며느리라고 많이 도와주시고 이해해 주셨던 어머니. 어머니의 요양원 입소결정에 마음이 무거웠다. 큰시누이에게 어머니 요양원 입소하기 전에 몇 달만이라도 어머니를 모시겠다고 했다.

어머니 아직 정신 좋으실 때 옛날이야기도 들어드리고 휠체어에 태워서 산책도 하고 고궁도 가고 맛있는 것도 같이 먹고. 시누이가 딱 잘랐다.

"언니도 환자인데 힘들어서 못해요. 침대에 누워 있는 엄마 한 번씩 일으키려면 요양보호사도 힘들어해요. 언니의 마음은 알겠지만 어차피 나중에 다시 요양원에 모실 건데 두 번 일하지 말아요."

요양원에는 다양한 프로그램이 많았다. 어머니처럼 너무 늦게 입소할 경우 그런 프로그램에 참여하기가 어려워서 차라리 조금 더 일찍 모셨으면 나았겠다는 생각이 들었다. 식사시간이면 방방이 누워 있던 노인들이 식당으로 나와 다 같이 식사를 했다. 마치 어린이집 아이들처럼. 어머니는 그 대열에 끼지 못하고 침대에서 식판을 받았다. 40대에 혼자되어 자식 넷을 기르느라 온몸이 부서져라 일만 했던 어머니. 다리가 망가져 휠체어에 의지한 시간이 길었다. 다리만 아니었다면 어머니는 요양원에 가지 않았을 텐데. 그러나 이왕 요양원에 의지할 것이었다면 보행이 자유로울 때 갔어야 건강한 요양원 생활을 할 수 있었을 텐데 안타까웠다.

2023년 통계자료에 의하면 한국남성 평균수명 80.6세 여성 평균수명 86.4세[7]이다. 그런데 건강평균수명은 73.1세이다. 10년 정도는 질병과 함께 보내는 그야말로 유병장수 시대인 것이다. 우리나라 GDP

---

7 2023년 통계청 자료

가 올라간 만큼 삶의 질, 죽음을 향한 여정의 질도 좋아져야 할 때가 아닐까 하는 생각을 했다.

 가장 쉬운 웰리빙은 내 손으로 밥 먹고 내 다리로 걷는 것이다. 내 손과 발이 자유를 잃으면 그때부터는 타인의 도움을 받아야 하기 때문이다.

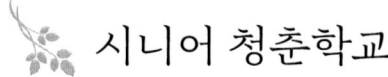# 시니어 청춘학교

길을 걷다 보면 편마비에도 열심히 걷는 사람들을 만난다. 그들과 나의 차이는 종이 한 장 차이다. 그냥 지나치지 못하고 한참 바라본다. 누구나 한 번은 반드시 죽는다. 그러나 우리는 미리 죽음을 생각하지 않는다. 건강에 자신하며 살았던 나도 마찬가지였다. 전직 간호사 출신 웰다잉 강사가 웰다잉 공부를 권했다. 공부를 해보니 웰다잉을 준비하는 것은 웰리빙을 준비하는 일이었다. 그럼에도 사람들은 웰다잉이라는 단어를 싫어했다. 그래서 <웰리빙 행복한 인생 2막 설계하기>라는 이름으로 웰다잉 강의를 했다.

여성중앙회에서 매년 하는 <시니어 청춘학교> 프로그램에서 웰다잉 강의를 할 때의 일이다. 그 프로그램의 마지막은 창덕궁 산책이었다. 궁을 한 바퀴 돌고 일행들이 도착하기를 기다리고 있는데 70대 한분이 다가왔다. 본인도 조금만 더 젊었다면 나처럼 이렇게 강의를 하고 싶었다고 나의 모습에 샘이 났다고 웃으며 말했다. 지금의 내가 부럽다면 당신의 건강과 바꾸겠냐고 묻고 싶었다.

우리는 원래부터 공기처럼 자연스러운 수많은 것들을 가지고 있어서 소중함을 잊고 지낸다. 그리고 내게 없는 타인의 것들을 탐한다. 나는 편마비로 평생 부자연스러운 몸을 이끌고 누군가의 도움을 받아야만 할 수도 있었다. 그 경험은 겸손한 마음을 갖게 했다. 내가 가진 모든 것들은 다 소용없었다. 내가 죽은 다음에 그까짓 것들이 무슨 소용이 있을 것인가.

아무리 장수 시대인들 살아온 날보다 앞으로 살아갈 날이 더 적게 남아있는 지금 내 옆에 있는 사람, 내가 지니고 있는 물건이면 족하다. 결핍과 싸우기에는 하루하루가 소중하고 아깝다. 선물 같은 오늘 하루를 잘 살아내는 것이 웰리빙이고 웰다잉이다.

100세 시대를 넘어 100대 시대로

노년은 인생의 황금기라고 한다.

늙음=성숙=존재의 완성=인생의 황금기

노년의 삶 중에서 축적된 경험을 후대에 전하고 베푸는 봉사의 삶은 테레사수녀효과를 가져온다. 봉사는 행복과 건강을 만든다.

(하버드의대 연구-봉사의 신체적, 정신적, 사회적 변화연구-남을 위해 봉사를 하거나 선한 일을 보고 감동 받으면 인체면역기능 크게 향상)

젊은 시절에는 더하기 행복을 추구했다. 월급도 더 많이, 집 평수도 더 넓게.

이제 노년의 행복은 빼기에 있다.

8가지만 빼기하면 더 행복한 노년이 기다린다.

1. 나이 걱정

2. 과거에 대한 후회

3. 비교 함정

4. 자격지심

5. 개인주의

6. 미루기

7. 강박증

8. 막연한 기대감

특히, 막연한 기대감을 김칫국이라고 한다. 이것을 버리는 것이 정신건강에 도움이 된다. 나 아닌 다른 누군가에게 무언가를 기대하지 않으면 허전할 것도 섭섭할 것도 없다. 빈손으로 가는 인생이다. 마음속에는 오직 행복하려는 결심이면 된다.

인생 2막 행복하게 설계하기

1. 자기 이해와 반성

죽음은 우리의 삶을 비추는 거울이다. 잘 살면 잘 죽게 되어있다. 지금부터 내가 무엇을 좋아하고 무엇을 잘하는지를 알아내야 한다. 자신의 가치와 목표를 파악하고 삶의 방향성을 설정한다.

2. 건강관리

신체적 건강-규칙적인 운동과 균형잡힌 식사 정기건강검진을 통해 신체적 건강을 유지한다.

정신적 건강-스트레스 관리, 명상, 취미 활동 등을 통해 정신적 안정을 찾고 자신에게 맞는 긍정적인 마인드를 유지하는 방법을 모색한다.

3. 사회적 관계

가족, 친구, 커뮤니티와의 관계를 소중히 여기고 새로운 사람들과의 만남을 통해 사회적 네트워크를 확장하여 인간관계를 강화한다.

4. 새로운 경험과 배움

새로운 기술이나 지식을 배우는 것을 두려워하지 말고 다양한 강의나 워크숍에 참여하여 자기개발을 지속한다.

새로운 장소를 여행하고 다양한 문화를 경험함으로써 삶의 폭을 넓히고 새로운 영감을 얻는다.

5. 재정계획

은퇴후의 삶을 위해 재정 계획을 세우고 필요한 자산을 관리하는 방법을 고민한다. 퇴직 후에도 지속적인 소득을 창출할 수 있는 방법을 모색한다.

6. 목표설정과 실행

구체적이고 실현가능한 목표를 설정하고 이를 달성하기 위한 계획을 세운다. 정기적으로 목표달성 여부를 점검하고 필요에 따라 계획을 수정한다.

7. 긍정적인 마인드 유지

매일 감사한 일을 기록하여 긍정적인 사고를 유지하고 삶의 작은 행복을 발견한다.

어려운 상황에서도 스스로를 격려하고 긍정적인 자기대화를 통해 자신감을 유지한다.

나는 책 쓰는 일로 정했다. 그러면서 간간이 조각보 바느질도 할 것이고, 누군가 도움의 손길을 뻗어오면 그곳으로 달려갈 것이다.

이 책 맨 뒤에 부록으로 인생 회고 추억을 기록하는 란과 버킷리스트, 비전리스트 작성표를 만들었다. 꼼꼼히 기록하면서 인생 2막을 행복하게 설계하시기 바랍니다.

마치며

어쩌다 기자

무엇이든 새로운 정보가 들어오면 안 가본 길을 가는 설렘으로 발을 내딛었다. 성북구청과 교육청이 함께 진행하는 프로그램의 추진단장을 했을 때였다. 추진단 기자단을 모집했다. 다들 학부모의 역할에 시간을 내지 못하는 때문에 신청자가 없었다. 그래서 시간이 남아도는 내가 기자단을 했다. 기자단을 위해 오마이뉴스 기자를 모셔다 강의를 했다. 오마이뉴스 기자는 어떻게 되는지 물었다.

다음이나 네이버의 카페에 가입하는 것과 같다고 누구나 기자가 될 수 있다는 답변을 들었다. 바로 오마이뉴스 시민기자 등록을 했다. 그 경험은 50플러스에서 강의를 듣고 강의할 때 50플러스 기자단을 하는 계기가 되었다. 기자라는 직함은 다양한 분야의 인물들을 만날 수 있는 기회를 주었다. 지금도 나를 기록하는 의미로 간간이 오마이뉴스에 기사를 올린다.

어쩌다 패션쇼 모델

종로생활문화센터 젊은 활동가가 연락을 해왔다. 혹시 시니어 모델을 해 줄 수 있느냐고. 돈의문 박물관에서 시니어모델 패션쇼를 계획했는데 진짜 모델같은 시니어들만 신청했다고. 나처럼 평범한 일반인 모델이 필요하다고. 강남에 있는 모델학원에서 워킹도 가르쳐 준다고. 늘씬하고 아름다운 이들도 많은데 굳이 나를 택해준 그 마음이 고마워서 시니어 모델에 합류했다.

워킹을 배우는 순간이 즐거웠다. 그러고 보니 시니어모델을 꿈꾸는 이들이 엄청 많았다. 그들의 생활에는 활력이 있었다. 열심히 자기 자신을 가꾸는 그들의 모습에 나 자신을 반성하기도 했다. 그들의 이야기도 오마이뉴스에 실려 있다.

어쩌다 수필가

서경대에서 운영하는 멘토 프로그램에 지원했다. 다양한 돌봄 아이들을 만났다. 그리고 코로나가 닥치고 아무것도 할 수 없게 되자 서경대에서 공모전을 열었다. 그 공모전에 수필 〈엄마를 기억하는 방법〉이 선정되었다. 서경대는 부상으로 동영상을 만들어 주었고 나의 이야기가 퍼져나갔다. 서경대에서 만난 국문과 이복규 교수는 내게 또 다른 세상을 만나게 해 주었다.

정동에 있는 중림문화센터를 운영하는 이 교수 덕분에 〈방민 교수의 글쓰기 수업〉에 참여하게 되었고 ≪에세이 문학≫지에 수필가로 등단도 하게 되었다. 어쩌다가 정식으로 수필가가 된 것이다.

재능을 나누는 사람들

중림문화센터에는 부길만교수와 한경신(한국출판역사연구회 이사)부부가 이끄는 AI글쓰기 수업이 개설되었고 AI가 궁금하던 차에 그 모임에도 참여하였다. 정년퇴직 후 재능 나눔을 실천하는 부 교수 부부는 느린 학습자를 위한 학교에서도 봉사를 하는 분들이다. 노년의 아름다운 삶을 실천하는 분들을 만난 것은 행운이었다. 그 덕분에 이 수필집도 탄력을 받았다.

뇌섹인들의 향연

내가 언제 고전을 찾아 읽겠나 싶어서 참여한 〈돈의고전읽기모임〉은 한마디로 뇌섹인들의 집합체다. 대부분 지적 호기심과 학문적 깊이를 겸비한 교사, 교수 출신들이라서 그냥 가만히 앉아 그들의 이야기를 듣고만 있어도 엄청난 지식이 스며들었다. 그들은 고전을 통해 시대와 인간 사회를 끊임없이 성찰하며 각자의 전문성과 경험을 바탕으로 집단지성의 힘을 발휘한다. 그 에너지가 과열되어 1인당 발언 시간을 15분으로 제한할 정도이다. 동학 전문가는 서양 인문학을 동학적 관점에서 새롭게 해석하기도 한다. 프랑스 고전을 읽으면 프랑스에서 유학했던 분은 칠판에 파리의 지도를 그린다. 국문학을 전공한 분들이 많아서 서양 고전과 한국 고전이 자연스레 한자리에 나란히 올라 앉는다. 나는 문학작품 중 오페라로 제작된 작품을 만나면 오페라 이야기로 새롭게 고전을 설명한다. 그 덕분에 나는 '문학과 오페라'의 관계에 주목하고 새롭게 '문학과 오페라' 시리즈를 책으로 엮는 작업 중이다.

그들은 혼자서는 읽기 힘든 고전을 함께 읽으며 지식과 교양의 축적, 소통과 공감, 고전의 현대적 의미를 탐구하는 역동적이고 지적으로 섹시한 시니어들이다. 아마도 이 모임은 개인의 특별한 사유가 발생하지 않는 한 계속 이어져 가지 않을까 하는 생각이 든다. 아무리 나이가 들어도 빛을 잃지 않는 멋지고 섹시한 집단을 만난 행운 역시 내 인생 2막을 이루는 새로운 조각보의 한 조각이 되어 하무뭇하다.
인생은 우연을 가장한 필연들의 모임이다. 언제 어디서 누구를 만나는지가 인생 지도를 새롭게 그려준다. 자신의 얼굴을 규정한다.

나의 인생 2막에 만난 이복규 교수님과 나를 발견해 준 책봄 출판사 한은희 대표께 특히 고맙다는 이야기로 끝을 맺는다.

부록

인생 2막 설계하기

(1) 인생 회고와 추억

	발자취	추억
10대		
20대		
30대		
40대		
50대		
60대		
70대		
80대		
90대		
100세		
120세		

(2) 버킷리스트

분야	구체적 목표	시기(기간)	결과
되고 싶은 것			
가고 싶은 것			
갖고 싶은 것			
먹고 싶은 것			
입고 싶은 것			
보고 싶은 것			
베풀고 싶은 것			
남기고 싶은 것			
나를 보람되게 하는 것			

(3) 비전리스트

내용	결과
과거의 나의 꿈	
현재의 나의 꿈	
미래의 나의 꿈	

엄마를 기억하는 방법

개정판 발행 · 2025년 6월 15일

저　자 · 신동임

발행인 · 한은희
편　집 · 조혜련

펴낸곳 · 책봄출판사
주　소 · 경기도 고양시 덕양구 통일로 1276-8 (킹스빌타운 208동 301호)
　　　　서울 중구 새문안로 32 동양빌딩 5층 (디자인 사무실)
전　화 · (010) 6353-0224
블로그 · https://blog.naver.com/anjh1123
이메일 · anjh1123@nate.com
등　록 · 2019년 10월 7일 제2019-0000156호

· 책값은 뒤표지에 있습니다.

ISBN · 979-11-992516-1-8 (03810)